AF204429

Alles fließt.

- Heraklit, Flusslehre

Vom
ORGAN

**EINE ANLEITUNG
ZUR VERÄNDERUNG
DER MENSCHLICHEN
BEWUSSTSEINSFORM**

S. VOLKOV

© 2019, Semjon Volkov

Verlag und Druck: Tredition GmbH,
Halenreie 40-44, Hamburg

978-3-7469-9770-4 (Paperback)
978-3-7469-9771-1 (Hardcover)
978-3-7469-9772-8 (E-Book)

Inhalt:

Vorwort

Die vorliegenden Texte haben nicht die Absicht den menschlichen Organismus in irgendeiner Form zu verbessern oder zum Besseren zu erziehen.
Wie sollte das konkret aussehen?

Humanismus, Aufklärung und Vernunft sind eine löbliche, aber endlose und schwierige Mission, die weder frei ist noch je frei sein wird von tiefer Frustration und herben Rückschlägen. Sie sind ein ständiger Kampf gegen schnelle Verführungen, gegen Dummheit, Hass und Gier, die immer leichter Gehör finden als Ausdauer, Geduld und Widerstand.

Ethik, Religion und Philosophie haben in den vergangenen Jahrhunderten menschlicher Geschichte immer wieder den Fehler begangen ihre Vorstellungen einer menschlichen Selbstbestimmung auf einen menschlichen Organismus zu projizieren, der noch in archaischen Mustern steckt.
Der menschliche Organismus stammt nicht aus höheren Sphären, sein Handeln nach Vorgaben einer natürlichen Vernunft wird begrenzt durch die ständige Frage seiner Identität. Der menschliche Organismus besteht weder aus edlen Materialen noch ist er zu Höherem geboren. Und seine Fähigkeit zum aufrechten Gang, zur detaillierten Sprache und zweckmäßigen Nutzung von Messer und Gabel machen ihn noch längst nicht zum vernünftigen Wesen.
Der menschliche Organismus ist Teil der organischen Welt, ein (mehr oder weniger) domestiziertes Tier, das durch seine antiquierte Sozialisation eine anti-holistische und daher völlig selbstbezogene Bewusstseinsform aufweist. Es ist eine Bewusstseinsform, die dem menschlichen Individuum die mentale Einbildung von Autonomie verschafft und es mit hartnäckiger Ignoranz an seine individuelle Identität fesselt.

Die Tragödie des menschlichen Organismus ist nicht, dass der singuläre menschliche Organismus seine Existenz als Individuum erlebt. Die Tragödie ist, dass ihn dieses Erlebnis zu einem kollektiven Fehlverhalten verleitet, das durchs ungebremste Wachstum seiner Produktion, seines Konsums und seiner Population zur zeitlich absehbaren Selbstselektion führt.

(Wenn die menschliche Zerstörung der eigenen Lebensgrundlagen im Anthropozän[1] auch nicht zur kompletten Selbstselektion der Spezies führt, so führt sie doch zu Einschnitten in Produktion, Konsum und Reproduktion, die Begriffe menschlicher Ethik und Zivilisation erheblich verändern werden.)

Aber die Verantwortung gegenüber persönlichem Konsum und Reproduktion, die jedes menschliche Individuum graduell besitzt, wird ebenso blockiert von einer Bewusstseinsform, die noch im Dilemma ihrer Instinkte, Emotionen und Logik steckt, wie folglich die Macht zur kollektiven Verhaltensänderung.

Die archaischen Muster der menschlichen Natur sind äußerst widerspenstig und eigensinnig.

Die menschliche Psyche, so faszinierend wie rätselhaft, (und häufig genug erschreckend) bleibt unfassbar.

Es ist wie Blaise Pascal es ausdrückt:

„Der Mensch ist weder Engel noch Bestie, und sein Unglück ist, dass er um so bestialischer wird, je mehr er ein Engel sein will".[2]

Jeder Versuch sich der menschlichen Psyche anzunähern ist ein ebenso gefährliches Unternehmen, wie dieses Unternehmen durch ganz bestimmte menschliche Erwartungen und Ideale in den meisten Fällen zum Scheitern verurteilt ist.

Wir können nicht umfassend und empirisch analysieren, was im Dunklen liegt, erhebliche individuelle Abweichungen zeigt, keine Eindeutigkeit zulässt und sich situativ verändert. Wir können bei der menschlichen Psyche immer nur von einer sichtbaren Oberfläche ausgehen: Dem Verhalten.

Allein die Beobachtung von individuellem Verhalten, lässt durch eine gehäufte Auffälligkeit an Ähnlichkeiten Rückschlüsse zu auf die allgemeine Bewusstseinsstruktur des menschlichen Organismus.

Unser Interesse in diesem Buch gilt somit stärker philosophischen als psychologischen oder soziologischen Möglichkeiten.

Der menschliche Organismus der Gegenwart hat sich nur allzu bequem eingerichtet in seinen Gewohnheiten und Selbstbezügen. Seine mentale Entwicklung ist längst noch nicht abgeschlossen. Aber sie ist an einem bedrohlichen Wendepunkt, der unseren Zivilisationen keine andere Wahl lässt als die gesellschaftlich-integrative Kollektivierung des Individuums zu erhöhen, statt den Rahmen seines falsch verstandenen Individualismus weiter auszudehnen.

Der menschliche Organismus, gefangen in seinen individuellen Interessen, muss endlich wieder aus seiner zivilisatorischen Komfortzone und Stagnation, benötigt, um seiner selbst Willen, alternative oder neue Perspektiven.

Die Veränderung seiner eigenen Lebensauffassung und -gestaltung ist durch die rasanten Veränderungen seiner ‚Umwelt' ebenso dringlich wie unvermeidlich.

Ein menschlicher Organismus, der die essentiellen Bedingungen seiner Spezies nüchtern betrachtet und daher weiss, dass die selbstgeschaffene Welt seiner Spezies zu ihrem Fortbestand massive Veränderungen benötigt, muss sich zuerst selbst verändern, bevor andere in der Lage sind seinem Beispiel zu folgen.

Aber das Individuum verändert sich nur durch den Einfluss des Kollektivs, das sich wiederum nur durch gegenseitige Einflüsse verändern kann.

Ein einzelner Mensch kann ohne dieses menschliche Kollektiv weder sich selbst noch andere verändern.

Die Veränderung kollektiver Strukturen benötigt immer einen kollektiven Organismus: Die Gemeinschaft.

Allein die kollektive Bedeutung von Ideen, die bereits unbewusst im Raum stehen, aber erst durch den Anstoß von Einzelnen ins Bewusstsein einer Mehrheit dringen und dort Übereinstimmung finden, führen zu gemeinsamer und nachhaltiger Veränderung.

Jedes konstruktive Umdenken oder jede konstruktive Veränderung menschlicher Denkart ist somit das reflexive Ergebnis einer mentalen Kettenreaktion, die stets das Zusammenleben einer menschliche Gemeinschaft verbessert, voranbringt oder veränderten Bedingungen anpasst.

Der menschliche Organismus der Gegenwart kann sich nur verändern, indem er Schritt für Schritt seine Geisteshaltung und folglich sein Verhalten ändert. Und dies grundlegend. Aber er kann seine Geisteshaltung nur dann grundlegend verändern, wenn er begreift, dass die Natur den äußersten Rahmen sämtlicher Zusammenhänge bildet.

Die Stoffkreisläufe im System Erde bilden ein autonomes Organ, dessen Gesetzmäßigkeiten für alle Organismen bindend und unveränderlich sind.

Der menschliche Organismus lässt sich auf organischer Ebene mittlerweile mühelos aufspalten in eine Ansammlung von Wasser und chemische Verbindungen, die sich mit der ‚Umwelt' ergänzen.

Aber der funktionale Aufbau dieser chemischen Verbindungen zum menschlichen Organismus führt nicht zu dessen effizienter Ergänzung mit der ‚Umwelt' wie bei sämtlichen anderen Organismen.

Dass der menschliche Organismus sich mit der ‚Umwelt' nicht ergänzt, liegt allein an der selbstbezogene Bewusstseinsform einer individuellen Identität, die durch ihre energetische Ineffizienz in Produktion, Konsum und Reproduktion die gesamtorganischen und zugleich eigenen Grundlagen zerstört.

Wir können auch sagen: Da die menschliche Bewusstseinsform einer individuellen Identität nicht zu effizienter Ergänzung führt, kann sie zwangsläufig nur in eine menschliche Selbstselektion münden.

Dieses Buch bietet weder definitive Lösungsmodelle noch ist es ein dogmatisches Manifest. Es ist lediglich der Versuch zu zeigen, ‚Wo' der menschliche Organismus im System Erde gegenwärtig tatsächlich steht, ‚Was' seine Selbsterhaltung im Kern bedeutet und ‚wohin' die menschliche Reise auf diesen Hintergründen letztendlich geht.

DIE BASIS DER EXISTENZ

▶ GRUNDBEDINGUNGEN

Das Leben ist einfach. Es ist einfach nach rationalem und organisatorischem Ermessen.

Alles, was der menschliche Organismus zum Leben braucht sind vier Dinge: Sauerstoff, Wasser, Nahrung und Sonnenlicht. Sie sind fundamentale Platzhalter des menschlichen Organismus und dessen existentielle Grundbedingungen.

Die soziale Interaktion ist Teil menschlicher Grundbedingungen, ergibt sich aber bereits aus einem gemeinsamen Zwang (Gruppe, Gemeinschaft) zur erfolgreichen Interaktion mit einer ‚Umwelt', die Nahrung und Wasser bereitstellt.

Die Aufrechterhaltung der organischen Funktionen durch den Stoffwechsel stehen für den menschlichen Organismus an erster Stelle und sind unübertrefflich.

Die systemimmanenten Quantitäten der freien Ressourcen Sauerstoff und Sonnenlicht hängen das Überleben des menschlichen Organismus somit ausschließlich an die regelmäßige Aufnahme von Flüssigkeit und Nahrung.

(Bisher gibt es zumindest keine Regierungen oder Konzerne, die ihrer jeweiligen Gemeinschaft menschlicher Organismen Steuern oder Abgaben auf den Konsum von Atemluft oder Sonnenlicht auferlegt.)

Auf organischer Ebene hat Existenz keine Definition. Leben und Überleben sind hier Synonyme.

Der Unterschied zwischen Leben und Überleben beruht einzig auf den Betrachtungen des menschlichen Individuums, dessen Wahrnehmung und Bewertung seiner existentieller Grundbedingungen.

Ein einzelner Organismus kann nach existentieller Gesetzmäßigkeit ohnehin nicht mehr als (über)leben und dieses (Über)Leben möglichst zeitlich ausdehnen.

Ob dieser einzelne Organismus sich während seiner Existenz reproduziert, durch spezielle Ernährung oder körperliche Aktivität die Dauer seiner Existenz (möglicherweise) maximiert, ändert nichts an seiner Abhängigkeit von seinen existentiellen Grundbedingungen.

Die regelmäßige Aufnahme von Wasser und Nahrung sind die einzigen formalen Hindernisse, die dem (Über)Leben des menschlichen Organismus im Wege stehen. Mögen soziale und emotionale Interaktion für die Psyche, Reproduktion und Aufzucht menschlicher Organismen eine entscheidende Rolle spielen. Zur Aufrechterhaltung organischer Grundfunktionen benötigt es organische Substanzen.

Organische Existenz bedeutet immer Stoffwechsel, ganz gleich welche qualitative Wertigkeit wir einer x-belieben organischen Existenzform beimessen. Die existentiellen Qualitäten, die menschliche Vorstellungen aufs Fundament des Organischen bauen, sind keineswegs überflüssig, aber sekundär. Daher unterliegen begriffliche Einordnungen menschlicher Existenzformen in Leben, Überleben oder Vegetieren ganz dem subjektiven und individuellen Urteil menschlicher Organismen, ihren existentiellen Erfahrungen, Lebensumständen und Ansprüchen.

Ein menschlicher Organismus kann keine höhere Wirksamkeit erzielen als die Aufrechterhaltung seiner Existenz. Anders ausgedrückt: ein Mensch kann nicht mehr tun als zu existieren. Und er existiert, ganz konkret, durch seine organischen Funktionen.

Die unabdingbare und spezifisch menschliche Frage des existentiellen ‚Wie?‘, die ein Ergebnis abstrakter Kognition oder kognitiver Separation von der organischen Welt ist, betrifft daher bereits Fragen der physiologischen Verfassung, der individuellen Psyche sowie der bestehenden ‚Umweltbedingungen‘.

Das Leben ist schwierig. Es ist schwierig nach emotionalem und organisatorischem Ermessen.

Die individuellen Umstände von Geburt, Erziehung, Kultur, Gesellschaft und ‚Umwelt‘ sind die äußeren Einflüsse, die dem menschlichen Organismus eine rationale Wahrnehmung seiner existentiellen Grundbedingungen erschweren.

Die Organisation moderner Dienstleistungsgesellschaften hat den Zugang zu existentiellen Grundbedingungen zwar drastisch erleichtert, aber dafür logischerweise die individuelle Wahrnehmung dieser Grundbedingungen erheblich getrübt oder verschoben. Wir sagen logischerweise, da sich die menschliche Mehrheit der Wohlstandsgesellschaft nicht an der existentiellen Basis, sondern den eigenen Ansprüchen misst.

Der menschlichen Organismus organisierter Gesellschaften, der physiologisch mit relativ geringen Widerständen existiert, krankt somit durch mediale Massenmanipulation an einer emotionalen Orientierungslosigkeit, die häufig in einem Dreieck aus Sensation, Abstumpfung und Angst steckt.

Man sollte meinen der menschliche Organismus unorganisierter Gesellschaften, den bereits der Zugang zu Trinkwasser und Nahrung vor teils erhebliche Schwierigkeiten stellt, sei näher an der existentiellen Basis. Man sollte meinen seine Wahrnehmung sei auf einer Stufe mit seinen existentiellen Grundbedingungen, die ihm keine Zeit für emotionale Orientierungslosigkeit lassen. Aber dem ist nicht so.

Die Erfahrung existentieller Grundbedingungen bedeutet noch längst keine bewusste Reflexion und Erkenntnis für die Zusammenhänge zwischen dem persönlichem Verhalten und seinen Konsequenzen.

Daher sind die individuelle Erfahrung von Hunger und Durst auch keine Indikatoren für Selbstbeschränkung, Entsagung oder Vernunft.

Das emotionale Motiv für das eigene Verhalten bleibt von den individuellen Erfahrungen ebenso unangetastet, wie folglich die rationale Einsicht in die Verantwortung für das eigene Verhalten. Dass diese Einsicht für Eigenverantwortung ‚insbesondere‘ beim menschlichen Organismus unorganisierter Gesellschaften, trotz den Erfahrungen von existentiellen Entbehrungen, nicht greift liegt wiederum an den archaischen Strukturen unorganisierter Gesellschaften.

Hier vermisst der menschliche Organismus weitgehend die zivilisatorischen Grundlagen und die soziologische Steuerung durch organisierte Gesellschaften. Seine emotionale Orientierungslosigkeit wird daher noch viel stärker geprägt von Sensation, Abstumpfung und Angst als beim menschlichen Organismus organisierter Gesellschaften.

Wir sprechen hier nicht von autarken Naturvölkern, (die es nicht mehr gibt.) Wir sprechen von unorganisierten Gesellschaften, in denen der menschliche Organismus zum einen erschwerten Umweltbedingungen ausgesetzt ist, zum anderen kein ausreichendes Sozialsystem vorfindet, das sein Überleben dauerhaft sichert.

Wir stellen also fest: ob das Leben für den menschlichen Organismus einfach oder schwierig ist, hängt von zwei Faktoren ab. Zum einen vom organisatorischen Zugang zu seinen fundamentalen Platzhaltern. Zum anderen von den Möglichkeiten der individuellen Wahrnehmung gegenüber diesen fundamentalen Platzhaltern.

Eben diese Möglichkeiten der individuellen Wahrnehmung gegenüber fundamentalen Platzhalter können nur wirksam werden auf dem Feld einer gesellschaftlichen Organisation, die dem menschlichen Organismus eine Erziehung zu gemeinsamen Grundlagen vermittelt und ihn zugleich beständig an seine existentiellen Grundbedingungen erinnert.

Unsere Zivilisationen benötigen keine Schulen nach einem Leistungssystem, das die eigenen Fundamente zerstört. Sie benötigen Schulen, in denen ökologische Kompetenz die gleiche zentrale Rolle einnimmt, wie die Bedeutung der Atmung in unserem Bewusstsein.

Was in unseren Industrienationen stattdessen geschieht ist Folgendes: wir erziehen den menschlichen Organismus zwar in einem hohen Maß zu Rationalität und fördern sein individuelles Potential. Aber wir betreiben an ihm eine emotionale Manipulation, die seine individuelle Wahrnehmung, zugunsten eines globalen Kapitalsystems, anhaltend von seinem Bewusstsein für die organischen Welt separiert.

Unsere Zivilisationen haben den menschlichen Organismus individualisiert und seine Reproduktionsrate gezügelt. Aber der nächste und entscheidende Schritt, der nur in der graduellen Verminderung oder Neuausrichtung seiner emotionalen Manipulation liegen kann, bleibt bisher aus.

Die individuelle Wahrnehmung des menschlichen Organismus bedarf endlich einer Annäherung an die Basis seiner Existenz.

Wir wissen, dass die allgemeine Wahrnehmung für unsere fundamentalen Platzhalter nur durch vorsichtige Erziehung und Kooperation gegensätzlicher Überzeugungen erreicht werden kann. Aber wir sehen vor allem die zeitliche Notwendigkeit für eine Verhaltensänderung des menschlichen Organismus, die nur stattfinden kann durch Annäherung seiner individuellen Wahrnehmung an die eigenen existentiellen Grundbedingungen.

Die politisch-ökonomische Hauptaufgabe des 21. Jahrhunderts besteht für unsere Gesellschaften in der Erziehung des menschlichen Organismus für einen pfleglichen Umgang mit Wasser, Nahrung und allen Arten seines täglichen Energieverbrauchs. Die individuelle Wahrnehmung für den messbaren Wert existentieller Platzhalter bedarf in sämtlichen Massengesellschaften einer öffentlichen Revision.
Die politischen, ökonomischen und medialen Botschaften individueller Freiheiten benötigen dringende Aufrufe zur Neuordnung von persönlichem Wasser-, Nahrungs- und Energieverbrauch.

Wir reden hier nicht mal von Bewusstsein, nur von Wahrnehmung. Das Bewusstsein für die kollektiven Bedingungen des menschlichen Organismus, dessen Zwang zu existentieller Kollektivierung und Reintegration in den organischen Gesamtkomplex ... Sie alle stehen auf einem anderen Blatt.
Ihre Zeit wird noch kommen.

▶ VOM STOFFWECHSEL

Die Basis der menschlichen Existenz ist die evolutionäre Basis des Stoffwechsels. Uns Menschen wird diese Basis durch unseren organischen Aufbau biologisch diktiert.
Die Vorgänge im Stoffwechsel von Organismen und die Vorgänge der Stoffkreisläufe bestehen durch gegenseitige Ergänzung und sind unveränderlich.
Wir halten unsere Existenz für selbstverständlich. Sie ist es nicht. Sie ist so zerbrechlich wie ihre existentiellen Platzhalter, die sie erst ermöglichen.

Die existentiellen Grundbedingungen für den menschlichen Organismus sind fix und unabdingbar. Sie lassen keine Abweichungen gelten.

Sonnenlicht, Sauerstoff und Wasser sind Gesetzmäßigkeiten der organischen Welt. Sie waren vor dem
menschlichen Organismus und haben die evolutionären Regeln für unsere Existenz festgelegt.

400 Millionen Jahre der Evolution haben im System
Erde chemische Verbindungen zwischen Organismen
und organischer und anorganischer Welt geschaffen,
die sich nicht folgenlos ins Handwerk pfuschen lassen.
Akuter Sauerstoffmangel, ein totaler Flüssigkeitsent-
zug von durchschnittlich 48 Stunden, ein kompletter
Entzug von Nährstoffen über mehrere Wochen, ein
langfristiger Mangel an Sonnenlicht ... Bereits ein
einziger dieser Faktoren bewirkt für den menschlichen Organismus den vorzeitigen Exitus.

Jede mögliche radikale Veränderung der ‚Umwelt', die
uns einen einzigen der genannten Faktoren nur graduell entzieht, führt zu massiven Einschränkungen
unserer Existenz.

Da wir in den existentiellen Bedingungen des mensch-
lichen Organismus die natürlichen Bedingungen der
Evolution erkennen, ist auch die Nutzung künstlicher
Alternativen zur Selbsterhaltung für uns irrelevant.

Sauerstoff ist ein chemisches Element. Der Sauerstoff
der Atmosphäre, entstanden durch Photosynthese, ist
formal identisch mit Sauerstoff, der sich durch chemische Verfahren aus dem Luftgemisch der Atmosphäre
destillieren oder aus chemischen Verbindungen herstellen lässt. Wasser ist eine chemische Verbindung. Es
lässt sich ebenso im Labor herstellen, wie Nährstoffe.
Eine mittlere UV-Strahlung, die Sonnenlicht simuliert,
lässt sich künstlich erzeugen.

Somit lassen sich sämtliche Faktoren, die eine Selbsterhaltung des menschlichen Organismus bedingen,
künstlich erzeugen.

Was sich aber nicht künstlich erzeugen lässt ist das
Ökosystem, das sämtliche Organismen einbezieht und
durch ihre Stoffflüsse[3] das Regelwerk der Evolution
bildet. Was für Bakterien das Substrat, für Pflanzen
oder andere tierische Organismen das Biotop oder Habitat, ist für den menschlichen Organismus das Ökosystem als Gesamtkomplex, das für jeden Organismus
‚mehr' als die essentielle oder reduktionistische Summe
seiner analysierten Teile enthält.

Ein Ökosystem mag mittels der menschlichen Adaption, der selbsterschaffenen Flexibilität und Mobilität des menschlichen Organismus durch ein anderes Ökosystem austauschbar sein. Wie immer ein x-beliebiges Ökosystem aber aussehen mag, der menschliche Organismus benötigt zum Überleben sowohl die Verbindung zum organischen, wie anorganischen Milieu einer jeweiligen ‚Umwelt.'

Der menschliche Organismus ist zuallererst Körper. Dieser Körper bindet körpereigene Funktionen an Funktionen der organischen Welt. Er kann nicht existieren in einer künstlichen Welt oder in künstlichen Räumen. Seine Verbindung zur ‚Umwelt', durch die Bausteine seiner Biomasse verbindlich, kann nicht aufgekündigt werden ohne die fatale Konsequenz der Selbstselektion. Die organische Verbindung zwischen menschlichem Organismus und ‚Umwelt' steht synonym zur pränatalen Verbindung von DNA-Träger und DNA-Empfänger innerhalb der Stoffkreisläufe.

▶ ÜBERLEBEN

Wenn wir nach universellen Wahrheiten suchen, die für unsere menschliche Existenz unmittelbare Relevanz haben, können wir mit unsrer Suche nur beginnen in der direkten Interaktion von Organismen mit ihrer ‚Umwelt'.

Die Basis jeder organischen Existenz liegt für sämtliche Organismen alleine in den Händen einer autodynamischen Evolution, die primär auf Zufall, erst sekundär auf Interaktion baut. Sie kann somit von keinem Organismus beeinflusst oder verändert werden, formuliert aber für sämtliche Organismen ganz bestimmte existentielle Grundbedingungen, die sich mit den organischen Kriterien anderer Organismen ergänzen und zwangsläufig zu gegenseitiger Selbsterhaltung führen.

Der Stoffwechsel von Organismen beschreibt nicht nur deren Abhängigkeit von der Umwelt, er verdeutlicht auch die essentielle Kooperation von Organismus und Umwelt. (Der evolutionäre Zyklus von Energie und folglich Substanzen, die sich in ständigen Prozessen der

Transformation befinden, zeigt sich nicht nur in der Interaktion von anorganischer Material und organischer Existenz. Wir finden diesen Umwandlungsprozess von Energie mittels dem substanziellen Wirken von Größen und Kräften ebenso in weiten Teilen der Physik oder Chemie, die keine organischen Aspekte beinhalten. Da unser Interesse aber vordringlich der organischen Existenz gilt, beschränken wir unser Interesse hier auf die biochemische Reaktion, die fürs menschliche Überleben von zentraler Bedeutung ist.)

Die Kooperation zwischen anorganischer und organischer Welt findet statt durch die ständige Transformation von Organismen in und aus den Stoffkreisläufen. Ihre Entstehung, ihr jeweiliger Stoffwechsel, ihr Absterben oder Verschwinden nimmt erheblichen Einfluss auf die Stoffflüsse der Stoffkreisläufe und die Verteilung von Energie im System Erde.

Evolution ist somit nichts anderes als ein Energiekreislauf, der eine Umwandlung, Speicherung und Freisetzung von Energie durch organisches und anorganisches Material beschreibt. Ein chemisches Element, das durch komplexe, chemische Reaktionen als Organismus in die Stoffkreisläufe gelangt und dort *zur Aufrechterhaltung biologischer Prozesse* als chemische Verbindung mit anderen Verbindungen interagiert, wird durch Destruktion von Organismen wieder in sein chemisches Element zerlegt, recycelt und steht den Stoffkreisläufen erneut zur Verfügung.

Betrachten wir uns hier das Element Kohlenstoff und dessen globale Gesamtmenge von etwa 75 Millionen Gigatonnen[4]. Da die Erde ein geschlossenes System ist, ist auch die Gesamtmenge an Kohlenstoff unveränderlich, fließt aber nur zu geringem Teil durch die Speicher der Kohlenstoffkreisläufe. Um das Fließgleichgewicht[5] zwischen den einzelnen Speichern zu gewährleisten, ist sein Hauptanteil eingelagert im Speicher der Litosphäre und steht für direkte chemische Reaktionen nicht zur Verfügung.

Was wir Ökosystem nennen und eine funktionale Interaktion von organischem und anorganischem Material steuert, besitzt also zugleich eine Selbstregulation, in der Organismen und organische Prozesse entscheidend auf die globalen Stoffkreisläufe einwirken.

Alles Organische, wie Anorganische hängt daher an diesen Stoffkreisläufen.

Was hier geschieht ist biologische Selbsterhaltung mittels einer reversiblen Energieumwandlung.

(Es gibt zwei Arten von Energien: Aktive und latente Energie. Wenn wir von aktiver Energie im System Erde sprechen, meinen wir das Sonnenlicht, dessen Energie unsere Ökosysteme durch pflanzliche und bakterielle Organismen umwandeln, speichern und zu physischem Wachstum führen. Reden wir dagegen von latenter Energie, dann von Energie, die im anorganischen Material der Ökosysteme enthalten ist: fossile Brennstoffe).

Die Funktion von Organismen liegt einerseits in der Speicherung, andererseits in der Umwandlung aktiver Energie mittels chemischer Substanzen. Hier kommen tierische und wiederum bakterielle Organismen ins Spiel, die durch biochemische Substanzen (Enzyme) die gespeicherte Energie pflanzlicher Organismen aufnehmen und zum Auf- oder Abbau vorhandener Biomasse umwandeln.

Produzenten, Konsumenten und Destruenten, aus denen Zellteilung und Zersetzung Aufbau und Abbau von Biomasse resultieren, sind nichts anderes als Überträger aktiver Energie, die durch physisches Wachstum und dessen Zerfall die Stoffkreisläufe der Ökosysteme erhalten.

Der menschliche Organismus ist der einzige Organismus im System Erde, der sich im Laufe seiner Evolution die latente Energie der Ökosysteme erschlossen hat. Er benötigt diese Energie nicht für seinen Stoffwechsel, sondern für Bedürfnisse, auf die er sich im Laufe seiner wachsenden Organisation in Staaten und Gesellschaften eigenständig konditioniert hat:

Industrielle Produktion, Mobilität und Konsum sind die Eckpfeiler menschlicher Selbstorganisation.

Im Zuge dessen hat sich der menschliche Organismus binnen weniger Jahrhunderte sämtliche verfügbaren Quellen an latenter Energie im System Erde erschlossen. Die industrielle Revolution, die im 21. Jahrhundert in eine digitale Phase übergeht, ist in Wahrheit eine energetische Revolution.

Was dem menschlichen Organismus bei Umwandlung,

Nutzung und Verbrauch dieser latenten Energie allerdings fehlt ist eine *verhältnismäßige Effizienz*.

Die Umwandlung latenter Energie, die der menschliche Organismus durch seine Technologie betreibt, entspricht nicht der *evolutionären Effizienz* der Ökosysteme. Folglich hat der menschliche Organismus durch die ineffiziente Nutzung latenter Energie die natürlichen Abläufe an aktiver Energie in den Stoffkreisläufen nachhaltig in Unordnung gebracht.

▶ AUSWIRKUNGEN

Die menschliche Ineffizienz bei Umwandlung, Transport und Nutzung latenter Energie führt zu nachweislich massiven Störungen im organischen Austausch aktiver Energie und somit zu massiven Störungen in den Stoffkreisläufen der Ökosysteme.

Dass dem menschlichen Organismus, trotz seiner Fähigkeit zu rationaler Organisation in komplexe Systeme, die Annäherung zur **energetischen Effizienz** der Evolution bisher nicht gelungen ist, hat zwei Ursachen: die erste Ursache ist die Vielschichtigkeit menschlicher Organisation in diverse Komplexe (Staaten, Gesellschaften, Konzerne) mit grundverschiedenen Möglichkeiten an individueller und somit kollektiver Progressivität.

Die zweite Ursache ist die direkte Folge der ersten.

Es ist die unterentwickelte Wahrnehmung des menschlichen Individuums für die Unterscheidung zwischen der tatsächlichen Basis und dem fiktivem Gestaltungsraum seiner eigenen Existenz.

Die Vielschichtigkeit menschlicher Organisation mit ihren uneinheitlichen Möglichkeiten verhindert bereits die fundamentale Kooperation zwischen Gesellschaften.

Da durch Mangel kollektiver oder ,geteilter Interessen' keine fundamentale Kooperation zwischen sämtlichen Gesellschaftssystemen stattfinden kann, findet auch der menschliche Organismus keine gemeinsame Grundlage, die seine energetische Ineffizienz beendet.

Es ist eine böse oder auch folgerichtige Ironie, dass die Vielschichtigkeit menschlicher Organisation, die dem menschlichen Organismus überhaupt erst eine individuelle Identität zur möglichst objektiven Wahrnehmung von Existenz verschafft hat, durch eben diese individuelle Identität, dessen möglichst objektive Wahrnehmung der existentiellen Basis verhindert.

Dass ausgerechnet der Glaube des menschlichen Organismus an seine **individuelle Identität** die manipulativen Botschaften enthält, die erst zur anwachsenden Vielschichtigkeit der Organisation führt, beweist nur umso mehr die reaktive Kraft dieser Ironie.

Was wir am menschlichen Organismus der jüngeren Vergangenheit und Gegenwart beobachten ist eine individuelle Identität, die sich einer klaren Unterscheidung zwischen notwendiger Selbsterhaltung und künstlichem Bedürfnis beharrlich verweigert.

Der Beweis dieser Verweigerung findet sich in der Ineffizienz menschlicher Organisation, die im kollektiven Fehlverhalten gegen die ‚Umwelt' sichtbar wird.

Die Ineffizienz menschlicher Organisation, die mit den ersten Hochkulturen beginnt und mit der industriellen Revolution deutlich wird, hängt an der bisher unterentwickelten Wahrnehmung des menschlichen Individuums für die Grenzen zwischen notwendiger Selbsterhaltung und künstlichem Bedürfnis.

Der menschliche Organismus befindet sich gegenwärtig auf einer entscheidenden Zwischenstufe seiner Entwicklung. Er kann sich mittlerweile zwar auf komplexe Weise organisieren, aber noch längst nicht paritätisch kollektivieren. Folglich besitzt er auch noch nicht die Fähigkeit zur Integration ins evolutionäre Gesamtgebilde. Er muss sich noch entwickeln - genetisch, kognitiv und besonders emotional. Seine genetische Jugend und sein prähistorisches Erbe beschränken sein Denken und Handeln auf egoistische Muster. Daher ‚hängt' er noch an seiner individuellen Identität.

Ob überhaupt und durch welche Mittel es der menschliche Organismus schaffen kann die energetische Ineffizienz seiner Energieumwandlung zu überwinden und sich wieder dem evolutionären Gesamtgebilde anzunähern, ist eine Frage, die sich noch im 21. Jahrhundert entscheidet.

Sicher ist, dass der menschliche Organismus diese Ineffizienz nur dann überwinden kann, wenn er die Notwendigkeit seines Stoffwechsels nicht länger mit

Bedürfnissen gleichsetzt, die immer weiter seine persönlichen Vorstellungen von individueller Identität manifestieren, statt sie zu verringern.

Die gegenwärtige Situation unserer menschlichen Organisation zeigt uns, nach wie vor, eine gegenseitige und gesteigerte Provokation individueller Identität. Sowohl durch das Individuum, wie durch seine kollektiven Identitätsträger. Das menschliche Individuum ist ebenso Empfänger einer manipulierten Identität, wie er seinerseits zu ihrem Sender wird.

Folglich bringt er diese individuelle Identität nicht nur wiederum in seine Organisation ein, sondern er gestaltet sie auch zum methodischen Programm seiner ökonomischen Ambitionen, womit er ihre manipulativen Kräfte erhöht und erneut auf die Gesamtheit seiner Spezies überträgt.

Die spezifischen Vorstellungen des menschlichen Individuums, durchs Ego manipuliert und zur Identität erklärt, ist das methodische Programm, das von der persönlichen Ineffizienz zur globalen Ineffizienz des menschlichen Organismus führt.

Welche Konsequenzen diese Störungen mit sich bringen, ersehen und erfahren wir mit Beginn des 21. Jahrhunderts. An erster Stelle durch die reaktive Seite der Ökosysteme und ihrer elementaren Symptome.

Das Fieber im Körper des Planeten[6], hervorgerufen durch die Ineffizienz des menschlichen Organismus, verläuft in klimatischen Extremen.

Der globale Organismus reagiert physiologisch wie jeder andere Organismus, dessen Homöostase durch Fieber in Ungleichgewicht gerät und somit dessen physiologische Selbstregulation und Leistungsfähigkeit einschränken.

Seine erhöhte Temperatur führt zu Hitzewellen, seine vermehrte Schweißbildung zu Überschwemmungen, sein Schüttelfrost zu Tornados.

Aber die Verschmutzung der Meere, Böden und Luft im System Erde erzeugt nicht nur Witterungsextreme. Sie erzeugt einen multidimensionalen Effekt, der weit über die offensichtlichen Ereignisse im Makrokosmos hinausgeht. Der planetarische Organismus analysiert die Infektionen seiner Ökosysteme, dekodiert die DNA des Erregers und bildet Antikörper.

Die fortschreitenden bakteriellen Resistenzen, die im Mikrokosmos einsetzen, sind Beweise für eine natürliche Grenze menschlicher Expansion und Ineffizienz, die ‚durch die Hintertür' entschlüsselt, evolutionär umgedreht und genetisch demontiert werden.

▶ ZWISCHEN ZELLE, ORGAN UND KÖRPER

Es ist ein häufiger Fehler zu denken die anorganische Welt, die sich unter der Erdkruste befindet, sei sekundär für die organischen Prozesse der Erdoberfläche.
Gesteine, Minerale und Sedimente sind nach chemischer Definition unbelebt. Sie sind unbelebt in dem Sinne, dass sie keinen eigenen Stoffwechsel besitzen und ihr chemischer Aufbau keine Verbindungen von Kohlenstoff enthält. Aber dennoch sind sie kein totes Material. Sie sind Teil der organischen Voraussetzung zur belebten Existenz der Erdkruste, eine belebte Existenz, die wir bei näherer Betrachtung als organische Einheit erkennen.
Was wir im System Erde an Organismen in unzählige Arten und Gattungen, Stämme und Familien unterteilen, gehört in Wahrheit zu einem einzigen Organismus mit eigenem Stoffwechsel. Sonnenlicht, Substrate und Wasser schaffen hierbei mittels Stoffkreisläufen die organische Voraussetzung zu einer belebten Existenz, die sämtliche Organismen umfasst.
Die Verbindungen zwischen anorganischer und organischer Welt treffen sich hierbei im Lösungsmittel Wasser. Diese Verbindungen, die zwischen den Mineralstoffen der Anorganik und dem Kohlenstoff, Stickstoff, Phosphor und Sauerstoff der Organik stattfinden, bilden das molekulare Fundament der biochemischen Reaktion, die mittels der Ökosysteme die energetische Stabilität im geschlossenen System Erde erhält.
Diese Stabilität kommt hierbei zum Ausdruck durch eine Artenvielfalt, die ein Gleichgewicht an freier Energie anzeigt.
Ökosysteme bestehen aus dem dynamischen Zusammenwirken von Organismen und ihrer jeweiligen Substrate, die mittels biochemischer Substanzen diese

freie Energie austauschen. Die gegenseitige Regulation der Organismen, die ein Gleichgewicht an freier Energie gewährleistet, entspricht organischer Funktionalität. Was jeder Mikrokosmos oder jede Zelle mit infiniter Komplexität leistet, erweitert der Makrokosmos oder jedes Ökosystem mit maximaler Effizienz.

Wie der menschliche Organismus seine Körperfunktionen selbstständig steuert, reguliert auch die Bioformation unsrer Erdoberfläche den globalen Stoffwechsel der Erde.

Voraussetzung für die erfolgreiche Aufrechterhaltung organischer Existenz ist hierbei eine organische Integration sämtlicher Organismen.

Ökosysteme sind Organe im planetarischen Körper der Natur. Wie einzelne Organe im singulären Organismus, so bilden bakterielle, botanische oder tierische Organismen die Zellen dieser Organe. Das funktionale Zusammenwirken dieser Zellen erhält ebenso das einzelne Organ, wie das Zusammenwirken sämtlicher Organe den planetarischen Körper.

Jede einzelne Zelle hängt ab von einem Verbund an Zellen, in dem gegenseitige Förderung und Ergänzung, zu einer organischen Einheit führen, die sowohl Selbsterhaltung wie Fremderhaltung bewirken.

Wir nennen diese gegenseitige Förderung und Ergänzung, die zu organischer Einheit führen hier das **Komplement**[7].

Wir sehen daher die Selbsterhaltung des singulären Organismus als Resultat einer reziproken Kooperation[8] mit anderen Organismen, die durch komplementäre Wirksamkeit zu organischer Gesamterhaltung führt.

Dieses komplementäre Prinzip, das eine organische Gesamterhaltung bewirkt, lässt sich beobachten in sämtlichen Teilbereichen der Ökosysteme, sowohl in ihrer Organisation wie in ihrer Regulation.

Wie der Mikrokosmos durch seine Mikroorganismen erst das energetische Fundament botanischer Organismen organisiert, baut der tierische Organismus seinen Makrokosmos primär aufs Fundament der Botanik, während dieser selbst organische Endprodukte bildet, die wiederum dem Mikrokosmos dienen und den Zirkel schließen.

Wir kommen zurück zum Körpervergleich:

Wie erst das funktionale Zusammenwirken sämtlicher Organe die Gesamtfunktion eines Körpers gewährleistet, so gewährleistet erst das Zusammenwirken der globalen Biosphäre das Überleben einzelner Organismen.

Eine einzelne Zelle kann sich nur selbst erhalten, wenn sie die funktionalen Aufgaben ihres Organs erfüllt. Eine Haut- und eine Knochenzelle operieren auf ihren physiologischen Gebieten zwar grundlegend verschieden. Auch zeigen sie durch ihre organische Distanz keine direkte Verbindung. Da beide aber unerlässliche Bestandteile der Physiologie bilden, dienen ihre unterschiedlichen Funktionen dem gemeinsamen Aufbau und Erhalt des gesamten Körpers.

Jede funktionale Abweichung oder Separation von Zellen oder Organen führt folglich zu funktionale Störungen im gesamten Körper.

▶ FEHLFUNKTION

Wir wollen hier nicht von menschlicher Anmaßung, von Zynismus oder Fatalismus sprechen.

Wir wollen nur beschreiben wie menschliche Kurzsichtigkeit und individuelle Vorteilsnahme ignorieren, welche Vorgänge im System Erde die Spielregeln für organische Existenz festlegt.

Die menschliche Selbstherrlichkeit wandert auf dem schmalem Grad eines unbekannten Mikrokosmos, der stets über die genetische Entwicklung und Fortdauer von Organismen wacht.

Eine biologische Hierarchie, die den menschlichen Organismus evolutionär höher klassifiziert als bakterielle, botanische oder andere tierische Organismen, ist eine gründliche Fehlinterpretation der organischen Welt.

Eine biologische Stigmatisierung, die den menschlichen Organismus über andere Organismen stellt, hat nicht verstanden oder will nicht verstehen, dass die Stabilität jeder vermeintlichen Spitze von der Stabilität ihrer tatsächlichen Fundamente abhängt.

Wir Menschen wissen nichts von der umfassenden biologischen Macht des Schmutzes, über den wir achtlos hinweggehen. Wir wissen nichts von der dunklen

Materie, die im Mikrokosmos steckt. Wir sind eine biologische Art, die noch in den Kinderschuhen steckt. Aber wir lernen keinen Respekt vor uns selbst, zeigen in unserer Mehrheit nur anhaltende Ignoranz.

Die Frage ist: wie sollen wir beim derzeitigen Grad unseres energetischen Fehlverhaltens nur ein reifes Alter erreichen, ohne uns zuvor selbst zu selektieren?

Wer will ernsthaft in Erwägung ziehen, dass der menschliche Organismus, bei der gegenwärtigen Ineffizienz seiner Energieumwandlung, ein evolutionäres Endprodukt darstellt? Und wer kann überhaupt glauben, dass die Autodynamik der Evolution endlich ist?

Der menschliche Geist, der sich seit seiner imaginären Autonomie von der organischen Welt seinen Ich-Vorstellungen hingibt, kommt zu einem bestimmten Zeitpunkt immer zurück zur existentiellen Basis.

Hunger, Durst, Kälte oder Krankheit sind organische Reaktionen, die immer zu Gegenmaßnahmen zwingen.

Der menschliche Geist, was immer seine Imagination erdenkt, hängt ab vom Körper, der wiederum abhängt von der organischen Welt.

Der menschliche Geist, aus Wissen um seine Selbsterhaltung durch den Körper, muss seine Beziehung zu Körper und organischer Welt reformieren und sich ihren Bedingungen angleichen.

Atemnot, Hunger oder Durst lassen sich durch künstliche Errungenschaften der Biochemie oder Medizin kompensieren. Wir können die organische Welt so lange und intensiv unserem ökonomischen Ideal einer gesteigerten Effizienz anpassen, wie wir wollen. Wir können uns selbst so lange und intensiv unseren ökonomischen Idealen von Effizienz anpassen, wie wir wollen. Aber wir können unsere eigene organische Evolution nicht unseren Vorstellungen anpassen.

Die Kontrolle über unseren Organismus liegt und lag nie in unserer Hand, ganz gleich ob wir eine partielle oder völlige Hoheit über technologische, medizinische und genetische Prozesse besitzen.

Wir können die evolutionären Regeln nicht ändern. Wir können uns der Selbststeuerung biologischer und evolutionärer Mächte nur anpassen. Wir wissen, was diese fundamentalen Tatsachen bedeuten und welche Maßnahmen zur erfolgreichen Veränderung des menschlichen Bewusstseins erforderlich sind.

Die Korrektur, der vom menschlichen Organismus betrieben energetischen Ineffizienz, ist noch im 21. Jahrhundert ohnehin unvermeidlich. Und wir wissen, es bedarf über kurz oder lang der Reform menschlicher Vorstellungen von individueller Identität.

Diese **individuelle Identität**, ein singuläres Phänomen des menschlichen Organismus, wird und kann nicht verschwinden. Sie ist der emotionale Ausdruck seiner instinktiven Selbsterhaltung. Dieser emotionale Ausdruck hat unweigerlich menschliches Selbstbewusstsein zur Folge. Denn der menschliche Organismus, der sich als Individuum unweigerlich selbst bewusst ist, kann von sich selbst nicht mehr ablassen. Und erst die Grenze der organischen Welt zeigt dem menschlichen Geist die vergebliche Mühe und Illusion einer individuellen Identität, die aus emotionalen Ansprüchen resultiert.

Der menschliche Geist der Gegenwart, der seine Abhängigkeit zu Körper und organischer Welt vergessen hat, zerstört die Grundlagen organischer Existenz und selektiert sich somit selbst.

Die emotionale Bezugsquelle seiner Identifikation und somit die Form seiner Identität müssen und werden sich ändern. Die individuellen Identität wird sich aus Zwang zur Selbsterhaltung kollektiven Vorgaben unterwerfen und grundlegend verändern.

Die Identifikation des menschlichen Individuums mit seinen organischen Grundlagen wird zur kollektiven Identifikation, die den menschlichen Organismus in die organische Welt reingeriet. Die global organisierte Erziehung der menschlichen Spezies zu einer Form von **kollektiver Identität** ist fürs menschliche Überleben ebenso unverzichtbar, wie unabwendbar.

Der ursprünglichen Integration des menschlichen Organismus in die organische Welt, kann nach dessen exzessiver Separation während der letzten Jahrhunderte nur eine graduelle Reintegration während der nächsten Jahrhunderte folgen.

MENSCHLICHE EVOLUTION

▶ ANPASSUNG

Unsere Spezies bildet weder die evolutionäre Spitze noch ist sie ein evolutionärer Unfall.

Unsere Spezies ist bestenfalls ein evolutionäres Experiment, das wie bei jeder Art temporären Veränderungen unterliegt. Diese Veränderungen sind gänzlich unabhängig von einer mehr oder minder komplexen Reflexionsfähigkeit des menschlichen Bewusstseins.

Veränderte Bedingungen der organischen Welt führen bei Organismen stets zu Anpassung oder Selektion. Erfolgt eine genetische Modifikation kommt es zur Anpassung. Erfolgt keine genetische Modifikation, führen die veränderten Bedingungen der organischen Welt zur Selektion der Organismen[9].

Das Erscheinungsbild von Organismen wird bestimmt von ihrem genetischen Material. Es ist somit eine Momentaufnahme, in der sich das Erscheinungsbild möglichst zweckmäßig an den bestehenden Bedingungen der organischen Welt ausrichtet.

Die Extreme der Anpassung, denen der menschliche Organismus unterlag und unterliegt, gehen einher mit **Neotenie**[10].

Der Begriff der Neotenie beschreibt in der Biologie u. a. die unvollkommene oder verlangsamte Ausprägung bestimmter anatomischer oder organischer Merkmale von Organismen bei ihrer Geburt, z.B. Fell, Zähne, Krallen, Flossen, Gehirn. Beim menschlichen Organismus ist es vor allem das Gehirn, das auffällige Abweichungen von jeder anderen Spezies zeigt.

Die spätere Hirnmasse eines Erwachsenen ist beim Säugling erst zu einem Drittel entwickelt. Dies bedeutet, dass die postnatale Entwicklung des menschlichen Gehirns wesentlich langsamer verläuft als bei anderen Organismen. Wir Menschen sind Nesthocker, in unseren ersten Lebensjahren völlig hilflos und auf elterliche Fürsorge angewiesen.

Gerade dieser Umstand und vermeintliche Nachteil vor der Natur birgt aber enorme evolutionäre Vorteile gegenüber Nestflüchtern oder Organismen mit geringer Neotenie.

Die pränatale Verlangsamung der menschlichen Evolution sorgt für dessen postnatale Beschleunigung. Eine Beschleunigung, die einen bei der Geburt hilflosen Organismus zu weitreichender Mobilität und abstrakten Strategien befähigt.

Die Hilflosigkeit der ersten Lebensjahre erweitert das Lernsystem des menschlichen Organismus vor anderen tierischen Organismen. Kein anderer tierischer Konsument besitzt eine vergleichbare Fähigkeit zu Adaption und räumlicher Flexibilität.

(Wir lassen bakterielle und botanische Organismen hier beiseite. Denn ihre Adaption und Flexibilität als Vermittler zwischen anorganischen und organischen Prozessen steht außer Konkurrenz.)

Wir Menschen haben uns bisher schneller und erfolgreicher entwickelt als die organische Welt auf unseren Organismus überhaupt den notwendigen Selektionsdruck ausüben konnte. Unsere omnipräsente Bewegungs- und Kommunikationsfähigkeit (Mimik, Gestik, Sprache, Mobilität) hat uns durch nachhaltige Trennung räumlicher Fortbewegung (aufrechter Gang) von strategischem Potential (geschickte Hände) vom adaptiven Zwang an spezifische Ökosysteme (Spezialisierung) befreit. Der Grund: wir Menschen spielen von Geburt an. Wir lernen durchs Spielen, wir experimentieren und testen unentwegt aus. Bis ins hohe Alter.

Die Folge ist, dass unsere Spezies mit ihrer Fähigkeit zu Adaption nicht nur sämtliche natürlichen Lebensräume im System Erde erobert hat. Sie hat auch die organische Welt verändert, künstliche Räume angelegt und ihre Population innerhalb dieser künstlichen Räume immer weiter maximiert.

Somit hat die Fähigkeit zur Adaption unsere Spezies zwar von der Abhängigkeit zu einem bestimmten Ökosystem (Biotop, Habitat oder Substrat) entbunden, aber nicht von unseren speziellen organischen Grundbedingungen, die wir mit einer Vielzahl anderer Organismen teilen.

Alle Organismen besitzen einen eigenen Stoffwechsel, betreiben Fortpflanzung, unterliegen Wachstum und daher der Evolution. Ihr Stoffwechsel beeinflusst wiederum den Stoffwechsel anderer Organismen.

Diese organischen Grundbedingungen mögen zwischen den einzelnen Domänen und Stämmen erheblich variieren. Aber allen Organismen ist eines gemein: sie stehen ebenso im Austausch mit der Biosphäre, wie sie am Bau und Erhalt der Biosphäre beteiligt sind.

Dass der menschliche Organismus hier mittlerweile die Ausnahme bildet, liegt weniger an seinen adaptiven Vorteilen als seinem kontraproduktiven Verhalten gegenüber der Biosphäre. Seine Produktion und Reproduktion, durch komplexe Selbstorganisation einer einst natürlichen Selektion enthoben, haben mit Beginn der Industrialisierung eine Rate erreicht, die den ökologischen Rahmen weit übersteigt und daher die eigenen Grundlagen vernichten.

▶ SELBSTKULTIVIERUNG

Die Mutter aller menschlichen Probleme sind nicht Kriege, Hunger oder Krankheiten, die allesamt in den Rahmen menschlicher Selbstbezüge gehören. Es sind nicht die Probleme zwischen Menschen, die es für uns zu lösen gilt. Es sind nicht die Fragen nach sozialer Gerechtigkeit, nach globaler Humanität oder ethnischer und kultureller Ressentiments.

Es ist die unkultivierte Interaktion des menschlichen Individuums mit der organischen Welt, die sämtliche zuvor aufgezählten Probleme und Fragen des Menschseins einschließt.

Diese Unkultiviertheit beruht ganz auf dem falschem Denken einer individuellen Vorteilsnahme, bei der sich das menschliche Individuum als autonome Einheit begreift und seine Abhängigkeit von der organischen Welt beharrlich ignoriert.

Eben hier liegt der Mangel der menschlichen Wahrnehmung für Zusammenhänge, die einen Mangel an Selbstwahrnehmung einschließt.

Nichtsdestotrotz erkennen wir eine fortschreitende Entwicklung der menschlichen Wahrnehmung, in der eine zwar langsame und graduelle, aber methodische Selbstkultivierung des Individuums stattfindet.

Mögen die Rückschläge des 20. Jahrhunderts die Anstrengungen von Humanismus, Aufklärung und Zivilgesellschaft auch ad absurdum geführt haben, so bieten die kollektiven Fehler der Vergangenheit doch immer wieder neue Chancen, um menschliche Selbstwahrnehmung zu sensibilisieren und die Interaktion menschlicher Individuen zu kultivieren.

Der lange, beschwerliche und andauernde Weg zu Zivilisation ist Beweis für den gemeinsamen Willen menschlicher Individuen zu einer kultivierten Interaktion, die nur durch eine bedingungslose Kooperation ermöglicht wurde und ermöglicht wird.

Das menschliche Individuum geht mit Entstehung der menschlichen Art durch verschiedene Bewusstseinsstadien.

Bis zum Beginn der Agrarrevolution[11] befand sich dieses Individuum durch sein Nomadentum noch im Zustand einer *unbewussten kollektiven Identität.*

Stammes- oder Sippenmitglieder waren ebenso aufeinander angewiesen wie auf ihre gegenseitige Ergänzung durch eine göttliche Natur.

Das Individuum war hier von den Konsequenzen seines eigenen Verhaltens noch unmittelbar betroffen.

Seine Stammespräverenz[12] deckte sich noch mit der Verantwortung für sein persönliches Verhalten.

Mit Beginn der Agrarrevolution, der menschlichen Sesshaftigkeit und organisierten Hochkulturen, ihrer Spezialisierung und Bildung unterschiedlicher Interessengruppen (Kasten, Stände, soziale Schichten) ging das Individuum allmählich über in den Zustand einer *unbewussten individuellen Identität.*

Die Vorstellungen des Individuums unterlagen hier einer strikten Kontrolle durch organisierte Dogmen und rigide Moralcodes. Seine Identität steckte noch im Rahmen einer göttlichen Instanz, die das Richtmaß seiner persönlichen Überzeugungen und öffentlichen Interaktion bildete.

Aber die hierarchische Distanz zwischen Kollektiv und Individuum (Pharao, König, Kaiser), installiert oder etabliert durch jeweilige Interessengruppen (Priester-schaft, Adlige, Militär), verschafft dem Individuum entscheidende Privilegien vor anderen Individuen seiner Spezies und zugleich vor einer organischen Welt die ihren göttlichen Status mehr und mehr verliert.

Das menschliche Individuum ist hier bereits nicht mehr unmittelbar von den Konsequenzen seines eigenen Verhaltens betroffen. Daher weicht die Verantwortung für sein persönliches Verhalten mehr und mehr hinter seine Stammespräverenz zurück.

Das menschliche Individuum ist durch die ansteigende Komplexität von Staaten und Gesellschaften immer stärker ins Zentrum seiner eigenen Interessen gerückt. Aber seine Stammespräverenz ist und bleibt unangetastet, während sein persönliches Fehlverhalten ungestraft ansteigt. Folglich geht die Optimierung individueller Selbsterhaltung in komplexen Gesellschaftssystemen vorwiegend zu Lasten einer abstrakten Gemeinschaft oder Gruppe zu der keine persönliche Beziehung mehr besteht.

Mit Beginn der Neuzeit setzt sich endlich ein anthropozentrischer Prozess in Gang, der die unmittelbar sichtbare Beziehung der individuellen Abhängigkeit vom Kollektiv völlig verwischt.

Renaissance, Humanismus und Aufklärung geben dem Individuum die Möglichkeit zur Selbstentdeckung. Die Industrialisierung gibt ihr schließlich das Rüstzeug zur Selbstgestaltung, die Säkularisierung den geistigen Raum zur Selbstentfaltung.

Das individuelle Vertrauen ins eigene Bewusstsein, das sich innerhalb der kollektiven Strukturen organisierter Gesellschaften selbst zum Maßstab nimmt, wird vollkommen. Das Individuum erreicht hier den Zustand einer *bewussten individuellen Identität*.

Aber der Preis für diese Individualität ist von jetzt an sowohl die völlige Unkenntnis für die eigene Abhängigkeit von einem unbekannten Kollektiv, wie die Zerstörung der kollektiven Grundlagen.

Das mangelnde Wissen für die fundamentalen Zusammenhänge zwischen der eigenen Person und dem Gesamtgebilde wird zur Gesellschaftsnorm.

Exakt hier, in der schmerzfreien Komfortzone von Ursache und Wirkung, nehmen die menschliche **Ignoranz** und ihre verheerenden Konsequenzen ihren Anfang.

Das Individuum ist von den Konsequenzen seines eigenen Verhaltens überhaupt nicht mehr direkt betroffen. Sein persönliches Verhalten und seine Stammespräverenz zeigen jetzt die extremsten Abweichungen.

Das ökologische wie ökonomische Fehlverhalten, dass im Zuge einer ständig optimierten Selbsterhaltung und technologischen Ausbeutung stattfindet, wird fürs Individuum jetzt Programm.

Die abstrakten und anonymen Strukturen der menschlichen Organisation, die dem menschlichen Individuum der Industrienation nahezu unbegrenzten Entfaltungsraum bieten, verhindern zugleich die Möglichkeit zu persönlicher Bezugnahme und Einsicht in die Zusammenhänge von Individuum, Kollektiv und ‚Umwelt'.

Das menschliche Individuum weiss nicht (mehr), dass sein persönliches Verhalten die Grundlage für sein Kollektiv und dessen Bezüge bildet.

Die scheinbare Distanz und Autonomie des menschlichen Individuums zu anderen menschlichen Individuen, hat sich durch die menschliche Organisation, Technologie und Abwesenheit essentieller Mängel (wie Nahrung) immer weiter maximiert.

Der enorme **individuelle Freiraum** der globalen Massengesellschaften im späten 20. und frühen 21. Jahrhundert hat in unseren Zivilisationen weder das menschliche Bewusstsein für Selbst- und Fremdverantwortung erhöht, noch die unerlässliche Notwenigkeit für eine gegenseitige Kooperation. Im Gegenteil. Er hat das Individuum völlig von den gemeinsamen Bedingungen der organischen Welt entkoppelt.

Und mehr. Die abstrakten Strukturen organisierter Gesellschaften haben das menschliche Individuum mittlerweile von jedem Zwang zur direkten Kooperation mit seinen Artgenossen entbunden und es somit gründlich endsolidarisiert.

▶ GELD

Wir sind gegenwärtig Zeugen einer mentalen Zwischenstufe in der Entwicklung unserer Spezies.

Das menschliche Individuum besitzt durch Staat und Gesellschaft zwar eine kollektive Basis, aber es verharrt noch in den egoistischen Mustern einer exzessiven Selbsterhaltung. Daher rebelliert es auch gegen seine natürliche Zweckmäßigkeit, handelt im Glauben an seine Einmaligkeit und kennt kein vernünftiges Maß. Sein Bewusstsein besitzt zwar kollektive Potenz, aber es besitzt noch nicht die entscheidende Fähigkeit zu einer bewussten kollektiven Identität.

Die menschliche Stammespräferenz hat sich noch längst nicht erschöpft. Ob das menschliche Individuum seinen Stamm nun in den unmittelbaren Verwandten, in exklusiven Gruppen, Institution oder Organisation erkennt, die ganz bestimmte Ziele verfolgen.

Die Identität des menschlichen Individuums ist noch gebunden an ganz persönliche Interessen. An den eigenen Namen, die eigene Herkunft oder Kultur, die eigene Existenzvorstellung und letztlich das Erlebnis der eigenen Person.

Das menschliche Individuum weiss noch nichts von einer natürlichen Vernunft, die außerhalb und unabhängig von der eigenen Person abläuft und durchs individuelle Verhalten der Gegenwart die gesamtmenschliche Bestimmung in System Erde lenkt.

Das **emotionale Motiv** der menschlichen Akzeptanz bleibt im menschlichen Organismus ebenso der Antrieb zu dessen individuellem Verhalten, wie zu dessen individueller Identität.

Der stichhaltige Beweis für die Wirksamkeit individueller Identität, die durch ihre materielle Möglichkeiten grundlegende Akzeptanz findet, ist schnell erbracht: Geld.

Betrachten wir die globale Bedeutung und Macht des Geldes, sehen wir diese Bedeutung und Macht in nichts anderem als dessen individueller Variabilität.

Geld ist das psychologische Bindemittel individueller Identität, das jede subjektive Wahrnehmung des menschlichen Organismus umfasst.

Es umfasst die subjektive Wahrnehmung umso gründlicher, da seine materiellen Möglichkeiten eine Identität gewährleisten, die weit über existentiellen Grundbedingungen hinausgehen.

Diese Gewährleistung von Identität verläuft auf zwei Wegen. Nach innen durch die ‚scheinbare' Erfüllung von Bedürfnissen. Nach außen durch den ‚scheinbaren' Empfang von Akzeptanz.

Wir sagen hier ‚scheinbar', da die emotionalen Motive (unbewusste Wünsche), die einer individuelle Identität zugrunde liegen, immer unerfüllt bleiben und unerfüllbar sind. Anders ausgedrückt: Ein Mensch kann nicht wollen, was er will. Denn sein Wille hat nur einen begrenzten Einblick in seine emotionalen Motive. Und er hat überhaupt keinen Einblick in die unbewussten Ursachen seiner emotionalen Motive.

Das menschliche Individuum verwechselt nach wie vor seine persönlichen Emotionen mit einer objektiven Sicht auf seine existentiellen Grundbedingungen.

Sein Bewusstsein bewegt sich auf der Stufe eines Pubertierenden, der sich hinreißen lässt von profitablem Aktionismus, statt natürliche Zusammenhänge zu akzeptieren und sich ins Gesamtgebilde einzufügen.

Daher ist das menschliche Individuum bisher nicht mal annähernd zurückgekehrt zur essentiellen Basis einer natürlichen Vernunft, der jedes Tier, jede Pflanze und jedes Bakterium bedingungslos folgen.

Der singuläre menschliche Organismus ist keine integrierte Zelle innerhalb eines Organs, das seine organische Funktion nach den evolutionären Gesetzen einer biologischen Autodynamik ausübt.

Die Organe, die der menschliche Organismus gebildet hat und weiterhin bildet, (seine zivilisatorischen Komplexe), sind keine Organe, die den planetarischen Organismus erhalten. Es sind parasitäre Gebilde, die dessen organische Funktionen einschränken, unentwegt schädigen und daher permanent gegen die natürliche Vernunft verstoßen.

Nur kurz: Selbst die Bezeichnung der menschlichen Spezies als menschlicher Organismus ist irreführend. Die Gesamtheit aller menschlichen Organismen bildet keinen Organismus. Es gibt keine Menschheit. Es gibt nur Menschen in diversen Gesellschaftsformen.

Der Obdachlose aus Mexiko-City hat bis auf seine Anatomie und geistigen Grundmuster nichts gemein mit dem Frankfurter Börsenmakler. Und beide haben deshalb nichts miteinander gemein, da bisher jede kognitive Kollektivierung der menschlichen Spezies durch unsere Zivilisationen von individueller Identität erfolgreich verhindert worden ist.

Aus diesem Grund begreift sich der singuläre menschliche Organismus auch nicht als Zelle in einem komplexen Organ (Ökosystem), die ihre Identität aus komplementärem Verhalten gewinnt, sondern als Individuum, das zu seiner Identität einer menschlichen Akzeptanz durch andere bedarf.

Die geistige Separation des menschlichen Organismus von der Natur, in die er einst integriert war, hat sich zu schnell vollzogen, als dass er das komplementäre Prinzip der organischen Welt kognitiv erfassen und praktizieren konnte.

Die geistige Separation des menschlichen Organismus von der Natur, vollzogen durch Separation in mehr oder minder organisierte Gruppen (Kulturen, Staaten, Zivilisationen), ist zugleich eine mentale Separation. Sowohl zwischen dem menschlichen Individuum und der organischen Welt, wie zwischen menschlichen Individuen. Folglich ist selbst die theoretisch vollzogene Teilkollektivierung des menschlichen Individuums durch ein organisiertes Kollektiv noch längt nicht abgeschlossen. Ganz abgesehen von einer praktischen Kollektivierung, die jede Gesellschaftsform im System Erde umfasst.

Die menschlichen Kollektive der Gegenwart sind nicht entstanden aus Überzeugung in die kollektive Bestimmung der menschlichen Spezies. Sie sind lediglich Ergebnisse der erleichterten Selbsterhaltung und persönlichen Vorteilsnahme eines menschlichen Organismus, der durch stetige Intensivierung seiner energetischen Ineffizienz seine individuellen Ansprüche untermauert.

Das Festhalten an individueller Identität, begründet in emotionalen Motiven und mentaler Unreife, verhindert in der Praxis weiterhin die Notwendigkeit des menschlichen Individuums zur kognitiven Kollektivierung.

▶ Der Identifikator

Es fehlt dem menschlichen Organismus noch immer an einer universellen Identifikation, die über seine individuelle Identität hinausgeht und seine kognitive Kurzsichtigkeit beendet. Kultur, Ethik oder Religion diverser Gesellschaftsformen sind die Grundlage jeder individuellen Sozialisation.

Daher reden wir hier nicht von einer Identifikation des Individuums mit irgendeiner Form von Organisation, die Staat oder Gesellschaft hervorbringen. Selbst ein Individuum, das sich durch bestimmte gesellschaftliche Normen und Werte mit einem Kollektiv an Gleichgesinnten identifiziert, verbleibt immer innerhalb subglobaler Komplexe.

Familie, Staat, Gesellschaft oder Kulturkreis dehnen die Möglichkeiten zu kollektiver Identität. Aber sie schaffen keine universelle Identifikation, die sich an existentiellen Grundlagen misst.

Institutionen sind Erfindungen organisierter Kollektive, erschaffen, um das Zusammenleben einer Vielzahl menschlicher Individuen zu organisieren, anzuleiten und zu ordnen. Sie sind Brücken zur kollektiven Identifikation menschlicher Individuen mit ‚ihren‘ Staaten und Gesellschaften. Sie sind gebaut und bauen auf einem Gemeinschaftsgedanken, dem der bestimmte Modus einer mehrheitlichen Sozialisation an menschlichen Organismen vorausgeht.

Tatsächlich schützen und verstärken Institutionen aber häufig eine individuelle Identität, die fortwährend ihre eigene Selbsterhaltung optimiert. Und dies ganz unabhängig von Kultur oder Tradition. Sie potenzieren individuelle Identität zwar längst nicht mit der gezielten Manipulation von Konzernen oder Staaten. Dennoch sind sie mitverantwortlich für die maßlosen Selbstbezüge des menschlichen Organismus. Umso mehr, da sie zwar dem Gemeinschaftsgedanken entspringen, aber nicht in der Lage sind die menschliche Wahrnehmung für Zusammenhänge zwischen dem eigenem Verhalten und den jeweiligen Auswirkung zu verdeutlichen. Sie schützen individuelle Interessen, aber sie fördern keine individuelle Verantwortung.

Eine kollektive Identität des menschlichen Organismus kann somit nur stattfinden durch eine ständige Steigerung von öffentlichem Bewusstsein.

Wir brauchen mentale Reformen. Wir brauchen den objektiven Rahmen außerhalb menschlicher Selbstbezüge. Wir brauchen den gezielten Blick auf die abstrakten Zusammenhänge zwischen unserem persönlichen Konsumverhalten und deren kollektive Auswirkungen auf Produktion und Energieumwandlung. Vor allem aber brauchen wir drastische Veränderungen an den Schnittpunkten zwischen Mensch und organischer Welt.

Die Erfahrungen von Landwirten, Förstern, Imkern und Fischern sind wesentlich, um den menschlichen Umgang mit der organischen Welt zu verändern.

Ihre öffentliche Präsenz und ihr Einfluss auf Politik und Ökonomie müssen wachsen.

Die mediale Sensibilität für existentielle Zusammenhänge sowie die Reformierung von individuellem (Fehl)Verhalten durch Verbote von Handlungen, die eine energetische Ineffizienz bewirken, sind unumgänglich, um die individuelle Identität zuerst zu kollektivieren und anschließend zu organischer Identität zu führen.

Was wir konkret meinen, ist schnell erklärt.

Organische Identität ist ein holistischer Prozess, in dem Selbsterhaltung eine Folge gegenseitiger Ergänzung darstellt. Und nicht umgekehrt.

Auf den ersten Blick sehen wir den singulären Organismus, der durch Adaption und Strategien eine temporäre Selbsterhaltung betreibt: das Individuum.

Dieses Individuum existiert, indem es sich äußeren Bedingungen anpasst und seine Strategien optimiert. Aber seine Adaption und seine Strategien dienen hier alleine seinen eigenen Interessen.

Dieses Szenario entspricht in seiner verkappten Sichtweise ganz dem ‚Fressen und Gefressen Werden‘ einer individuellen Identität, in der Konkurrenzkampf und -druck das Verhalten von Organismen bestimmen.

Unsere menschlichen Zivilisationen haben alles dafür getan, um uns einzureden, dies sei der natürliche Zustand oder Urzustand von Organismen. Natur sei ein anarchistisches Gebilde, in dem Organismen ihrer ‚Umwelt‘ ausgeliefert seien, in Konkurrenz zueinander stünden und jeder Organismus daher nur ums eigene Überleben kämpfe.

Dass diese Sichtweise der Beziehung zwischen Organismen und ‚Umwelt' nicht nur kurzsichtig ist, sondern die Dinge sogar auf den Kopf stellt, zeigen bereits Voraussetzung und Zweck der organischen Kooperation von Organismen.

Was wir in der Natur tatsächlich erkennen ist der singuläre Organismus, der zur erfolgreichen Selbsterhaltung in einer lokalen Kooperation steht, die nicht primär seiner Selbsterhaltung, sondern der Erhaltung des organischen Gesamtgebildes dient.

Sämtliche Organismen und somit die Gesamtheit an Individuen sind für den planetarischen Organismus nur das am meisten praktikable Mittel einer Selbsterhaltung, die sich aus der Kooperation dieser Organismen ergibt. Da die Natur ständige und infinite Transformation ist, denkt und rechnet sie auch im System Erde nicht in Organismen oder Individuen. Sie rechnet nur in der abstrakten Interaktion von Ökosystemen, die eine Vielzahl an diversen Organismen umfasst. Der planetarische Organismus im System Erde ist durch seine Stoffkreisläufe Teil dieser infiniten Transformation.

Nahrungskette und Überlebenskampf regulieren hier das energetische Gleichgewicht der organischen Welt und sichern erst das Überleben und den zweckmäßigen Fortbestand von Organismen.

Die Spinne frisst die Fliege. Aber die chemischen Verbindungen der Fliege bleiben immer erhalten. Sie wandern von der Fliege durch die Spinne, zum Vogel, zum Raubvogel, vom verendeten Raubvogel zu Ameisen, Pilzen, Mikroorganismen. Das Substrat der Mikroorganismen enthält die chemischen Verbindungen, aus denen die Pflanze wächst.

Die chemischen Verbindungen, aus denen die Stoffkreisläufe bestehen, sind Transformation. Erst das intakte Ökosystem erhält den singulären Organismus, der lediglich ein temporärer Nutznießer seiner funktionalen Aufgabe im organischen Gesamtgebilde ist.

Dies ist der Kerngedanke organischer Identität, dem die gegenwärtige Bewusstseinsform des menschlichen Individuums entgegensteht.

▶ DAS KOMPLEMENTÄRE PRINZIP

Die Kooperation singulärer Organismen im System Erde ist unübertrefflich. Es gibt kein ‚schwaches Glied' in der biologischen Gesamtkette.
Ein Organismus existiert zwar durch Selbsterhaltung, aber nicht zur Selbsterhaltung. Sie ist nur ein Nebeneffekt, der den Gesamtkomplex erhält.
Der singuläre Organismus kann nicht existieren, wenn der biologische Gesamtkomplex, aus dem er hervorgeht, nicht funktionstüchtig bleibt. Seine Aufgabe, bestimmt durch sein biologisches Programm, besteht daher in einer Form der Selbsterhaltung, der die funktionale Erhaltung des Gesamten gewährleistet.
   Das Verhältnis zwischen Organismus und organischer Welt ist stets symbiotisch. Die Möglichkeiten der Selbsterhaltung, die eine jeweilige ‚Umwelt' ihren Organismen bereitstellt, stellen diese Organismen wiederum selbst bereit für andere Organismen.
Die Gesamtheit der Selbsterhaltung von Organismen - durch ihre gegenseitige Selbsterhaltung - bewirkt in ihrer Summe die Selbsterhaltung der Biosphäre.
Somit erfüllen Organismen durch ihre Selbsterhaltung lediglich die ihnen vom Gesamtkomplex zugewiesene funktionale Aufgabe der Gesamterhaltung. Mehr nicht.
   Mit organischen Augen oder vom Standpunkt des planetarischen Organismus ist der singuläre Organismus nur eine einzelne Zelle. Aber die Summe an chemischen Verbindungen, die eine infinite Anzahl an einzelnen Zellen durch ihre Selbsterhaltung transformiert, erschafft einen funktionalen Komplex, der weit über die Funktion der einzelnen Zellen hinausgeht: das Organ.
Das Zusammenwirken der Zellen, zwecks Selbsterhaltung, führt also zu einem Komplex, der Größeres bewirkt als seine einzelnen Teile:
Synergie.
Jedes Organ ist Ausdruck dieser **Synergie**.
   Synergie stammt aus dem Griechischen und beschreibt den zweckmäßigen Effekt der durchs Zusammenwirken verschiedener Komponenten (Organismen, Substanzen, Kräfte) einem gemeinsamen Nutzen dient. Dieser zweckmäßige Effekt, der sämtliche Komponen-

ten zu temporären Platzhaltern und Nutznießern von chemischen Verbindungen macht, entsteht aus einer Kooperation, die zu gegenseitiger Ergänzung oder Förderung führt.

Im Bezug auf die organische Welt bedeutet dies, dass erst das Zusammenwirken sämtlicher Organismen eine gegenseitige Ergänzung erzeugt, aus der schließlich Synergie hervorgeht.

Der kollektive Stoffwechsel sämtlicher Organismen im System Erde bildet die globalen Stoffkreisläufe.

Wir sehen hier, wie das komplementäre Prinzip oder Komplement, die Voraussetzung jeder organischen Wirksamkeit bildet. Und wir sehen zugleich, wie die Effekte der Synergie den Nutzen organischer Wirksamkeit ausdrücken. Und umso deutlicher sehen wir die Wechselwirkung zwischen Selbst- und Fremderhaltung, sowie den globalen Zyklus chemischer Verbindungen, der organische Einheit bewirkt.

Das biologische Programm von Organismen, das in ihrem angeborenen Verhalten, ihrer Adaption und ihren Strategien zum Ausdruck kommt, entspricht also stets der Voraussetzung und dem Zweck organischer Gesamterhaltung.

Selbsterhaltung, von Produktion über Konsum, bis zu Reproduktion, ist somit nichts anderes als ein chemisch-biologischer Kniff zur stabilen Steuerung organischer Prozesse, die eine dauerhafte Kooperation sämtlicher Organismen sichert. Indem der singuläre Organismus sich selbst erhält, erhält er zugleich die biologischen Zyklen, auf denen organische Prozesse beruhen.

Organische Prozesse benötigen eine Vielzahl chemischer Verbindungen. Ihre Komplexität ist umso höher, je mehr substanzielle Komponenten an einem organischen Prozess beteiligt sind. Dies wird ebenso ersichtlich durch die interne Kooperation von Zelle und Organ, wie die externe Kooperation von Mikro- und Makrokosmos. Ihre stabile Steuerung, die allein durch energetische Effizienz stattfinden kann, erfordert eine evolutionäre Regulation.

Kurz, wir haben es bei organischer Vielfalt also nicht zu tun mit einer individuellen Identität, die das Konzept des ‚Fressen und Gefressen werden‘ vorschreibt, sondern eine organische Einheit, deren biologischen Zyklen ein *Stellen und gestellt werden* zugrunde liegt.

Es sind nicht Konkurrenzkampf und Konkurrenzdruck, die das Verhalten von Organismen bestimmten, sondern eine zur Selbsterhaltung notwendige Kooperation, die sich durch bestimmte Strategien aufeinander einstellt.

Wir können den Begriff der kategorischen Einheit des Organischen mittels Komplement und Synergie unverändert auf sämtliche Bereiche der Natur übertragen.

Die Gesamtheit ihrer Querverbindungen führt immer zu einem universellen Gesamtgefüge, das nach energetischer Effizienz strebt.

(Daher ist die gängige Überzeugung, ein einzelner Organismus stünde durch seine physiologische Komplexität oder kognitiven Fähigkeiten über anderen Organismen, auch ein fataler Irrtum. Denn jeder Organismus besitzt in den Stoffkreisläufen identische Bedeutung. Bakterien, Pflanzen, Tiere … Der Punkt, an dem ein Kreis beginnt, lässt sich x-beliebig setzen. Die Kreisform bleibt unverändert. Sie beginnt in dem Punkt, in dem sie endet.)

Der sogenannte Sonderstatus des menschlichen Organismus ist lediglich ein selbstverfasster Status, der den menschlichen Organismus in eine Postion versetzt hat, deren Aufgabe und Verantwortung er nicht gewachsen ist.

Dass der menschliche Organismus *seiner* Aufgabe und Verantwortung fürs System Erde (noch immer) nicht gewachsen ist, beweist der ineffiziente Modus seiner Energieumwandlung, seiner Produktion und seines Konsums, die zum anhaltenden Missbrauch der Ökosysteme und existentiellen Grundlagen führt.

(Auf diesem Hintergrund wird der mittlerweile so populäre Wunsch einer Kolonisierung des Mars natürlich umso verständlicher. Ignoranz und Flucht vor Verantwortung waren schon immer herausragende Indizien für die Fehlfunktion menschlicher Kognition, ihren anarchistischen Individualismus und die Belastungsgrenze menschlicher Vernunft.)

▶ SYNERGIE

Der menschliche Organismus existiert nicht durch irgendeinen versteckten Plan oder eine höhere Bestimmung, die endgültige Antworten liefert oder liefern kann. Jede Vorstellung, Theorie oder Ideologie, die der menschliche Organismus über sich selbst, seine Existenz und das Universum vertritt, sind allesamt relativ.
Die infinite Logik der Natur, die ihre Autodynamik mit einfachsten Mitteln in reine Vernunft überträgt und diese reine Vernunft zugleich mit kompliziertesten Mitteln in ihre Autodynamik, liefert ihren Organismen keine finale Formel für ihre Ursprünge und ihr Design. Und noch weniger liefert sie wissenschaftlich beweisbare Gründe für eine menschliche Anwesenheit.
Eine einzelne Spezies von Organismen kann bei der Suche nach sich selbst nicht mit sich selbst beginnen. Sie kann sich nicht ins Zentrum einer Gesamtfunktion stellen, in der sie nur eine Erscheinung unter vielen bildet.
 Eine einzelne Zelle ist Träger einer funktionalen Information, ihr Potential ist limitiert auf eine zelluläre Ebene. Bereits die organische Ebene, die ein Zusammenwirken unzähliger Komponenten voraussetzt, liegt außerhalb ihrer Funktion. Die Erweiterung der Zelle zu einer Funktion auf organischer Ebene, setzt die Kooperation sämtlicher Zellen voraus.
Anders ausgedrückt: Der menschliche Organismus kann sich der Vernunft der Gesamtfunktion nur annähern, indem es seine zelluläre Funktion organisch integriert. Diese organische Integration ist für die einzelne Zelle nicht nur Bedingung der eigenen Existenz. Sie ist auch ihre notwendige Aufgabe im *System der Funktionen*. Umso mehr, da die einzelne Zelle von der wir hier reden, um ihre Bedingung und notwendige Aufgabe weiss.
Das *System der Funktionen*, gebaut auf gegenseitige Ergänzung, besitzen keine absoluten Fixpunkte oder Grundpfeiler, die eine singuläre Ursache der Gesamtfunktion erkennen ließe.
Jede Funktion, sowohl vom Mikrokosmos zum Makrokosmos, wie umgekehrt, ist hier verbunden mit einem funktionalen Netzwerk, in dem jede einzelne Funktion

eine stets identische Qualität zum Zweck der Gesamtfunktion erfüllt.

Das Design der Gesamtfunktion lässt sich nicht reduzieren auf fundamentale Grundkräfte, aus denen un-
tergeordnete Funktionen entstehen. Denn es ist das
Ergebnis einer multidimensionalen Interaktion *sämtlicher Teile* des Systems.

Da also keine Funktion außerhalb der Gesamtfunktion
des Systems besteht, noch bestehen kann, gibt es auch
keine Funktion, die nicht dem Zweck der Gesamtfunktion dient.

Allein die Autodynamik der Natur ist daher eine möglichst unverfängliche Beschreibung fürs Design einer
stabilen Gesamtfunktion, die aus zahllosen Größen,
Kräften, Phänomenen und deren reaktiven Verhaltensweisen entsteht.

Die Konstanz der funktionalen Interaktion führt dazu,
dass dieses *System der Funktionen* anstößt, in Gang
hält oder verändert, was der Zweckmäßigkeit des gesamten Systems entspricht.

Jede Funktion bewirkt und trägt sowohl das gesamte
System, wie ihre Ausrichtung die Ausrichtung des
Systems mitbestimmt.

Größen, Kräfte und Phänomene sind natürliche Variablen, deren Kombination in jedem System zu einer
unterschiedlichen Entwicklung führen. Kein bisher
bekannter Planet besitzt eine identische Kombination
an natürlichen Variablen. Daher ist auch kein lokales
System nachweisbar identisch. Die einzige Gemein-
samkeit dieser Variablen besteht in ihrer zeitlichen
Annäherung an einen bestimmten Wert: Stabilität.

Erst die Stabilität der Variablen führt zum jeweiligen
System und dessen Design der Gesamtfunktion, das
durch Entstehung jeweiliger Funktionen zu gegenseitiger Ergänzung führt.

Klima, Sedimente, Minerale, Substrate, Stoffkreisläufe und Organismen sind im System Erde konkrete
Funktionen. Sie erzeugen durch ihre gegenseitige Ergänzung das Design einer Gesamtfunktion, das durch
seine energetische Effizienz weit über eine funktionale Wirksamkeit seiner einzelnen Bestandteile hinausgeht. Ein System (wie die Erde) kann durch die energetische Effizienz ihrer Gesamtfunktion ebenso wenig

auf seine Einzelteile reduziert werden, wie das gesamte Universum. Erst der systemimmanente Verbund an sämtlichen Funktionen erzeugt eine Zweckmäßigkeit, die weit über die eigenständige Leistungsfähigkeit dieser Funktionen hinausgeht.

Synergie ist keine mathematische Präzision.

Das System Erde ist größer als die Summe seiner Einzelteile. Zwei plus Zwei ergibt hier nicht Vier, sondern einen *Mehrwert*, der über Vier hinausgeht.

Denn das Zusammenwirken von Zwei plus Zwei führt an dieser Stelle zu einem Ergebnis, das dem Ergebnis bereits durchs Zusammenwirken *Etwas* hinzufügt und somit die Wirksamkeit der Gesamtfunktion erhöht.

Dieser *Mehrwert* an *Etwas* lässt sich ersehen an jedem Ökosystem, jedem Organismus und jeder Zelle.

Der planetarische Organismus ist das Design der Gesamtfunktion fürs System Erde.

Die Fülle organischer Verbindungen, ihr physisches Wachstum durch Kooperation ist der *Mehrwert* an funktionaler Wirksamkeit und Zweckmäßigkeit. Da die Gesamtfunktion des planetarischen Organismus aber die Stabilität des planetarischen Systems voraussetzt, benötigt ihre funktionale Wirksamkeit vor allem eines: Energetische Effizienz.

▶ EMOTIONEN

Der menschliche Organismus der Gegenwart, und besonders der letzten Jahrhunderte, handelt unbewusst oder aus Ignoranz anti-synergetisch. Er hat seine individuelle Selbsterhaltung vor sämtliche organischen Prozesse einer gegenseitigen Ergänzung gestellt.

Wir sagen daher absichtlich individuelle Selbsterhaltung und nicht kollektive Selbsterhaltung, da die organisierten Strukturen des menschlichen Organismus stets das menschliche Individuum als Fixpunkt und Bauplan seiner Zivilisationen genommen haben und weiterhin nehmen. Das menschliche Kollektiv dient hier durch strukturelle Progressivität und Innovationen allenfalls als individueller Identifikation. Aber es fungiert nicht als paritätische Größe einer kollektiven Identifikation der menschlichen Spezies mit ihren existentiellen Grundbedingungen.

Die menschliche Spezies der Gegenwart besitzt noch längst nicht die mentale Reife zur Bildung komplementärer Kollektive. Ganz zu schweigen von der Bildung organischer Identifikation.

Ihre organisierten und exklusiven Kollektive von Staaten, Gesellschaften und Gemeinschaften gründen ganz auf einer Optimierung individueller Möglichkeiten und somit individueller Selbsterhaltung.

Wir Menschen sind als Individuen noch nicht vorgedrungen zur Analyse unsrer *emotionalen Motive*.

Was uns in bestimmten Situationen durch Emotionen hauteng verbindet, trennt uns in anderen Momenten gänzlich. Wir nennen diese emotionalen Erlebnisse, die uns situativ miteinander verbinden oder voneinander trennen menschliche Qualitäten, Eigenarten oder Schwächen, je nach Bedarf oder Interpretation. Aber wir übersehen mit Vorliebe wie häufig die ungeprüften Motive unserer Emotionen die unveränderte Ursache für unser Fehlverhalten bilden.

Es ist ein verständlicher, wie zugleich grausamer und alberner Scherz tagtäglich zu beobachten, welches Übermaß an energetischer Ineffizienz die Mehrheit unserer Spezies, und mitunter noch mit Stolz, betreibt. Und dies allein aus emotionalen Motiven, die durch menschliche Ignoranz unkenntlich und unverändert bleiben.

Wir Menschen haben durch die ethischen Grundsätze unserer Zivilisationen, durch Erziehung und Erfahrung mittlerweile erleichterten Zugang zu persönlicher Selbstreflexion. Aber wir haben noch nicht das Rüstzeug zur objektiven Betrachtung, Einordnung und vernünftigen Kompensation unserer Emotionen, vor allem jener Emotionen, die wir durch individuelles Fehlverhalten zum eigenen oder kollektiven Schaden ausleben oder falsch kompensieren.

Wir Menschen verdrängen, dass unsere Erwartungen und Ansprüche, unsere Enttäuschungen oder Frustrationen in der eigenen emotionalen Fehlinterpretation liegen. Und wir verdrängen die eigene Verantwortung für unsere Fehlinterpretation, da unser persönlicher

Egoismus unsere Emotionen überlagert und somit die Ursache für unsere Emotionen unangetastet lassen.

Unsere Ignoranz für die Analyse unserer emotionalen Motive macht uns blind für Emotionen, die unser Fehlverhalten hervorrufen und unentwegt bestärken.

Daher betreiben wir unsere persönliche Selbsterhaltung, wie die Erhaltung unsrer kollektiven Organisation, stets auf Kosten anderer Faktoren. Auf Kosten anderer Menschen oder anderer Organismen, auf Kosten unterentwickelter Staaten oder der organischen Welt. Da die organische Welt aber eine Einheit bildet, betreiben wir sie am Ende immer auf eigene Kosten. Denn der erste Teil der persönlichen Ursache ist der letzte Teil der gemeinsamen Auswirkung, die immer auf uns zurückfällt.

Wir beuten aus - jeden, alles und in graduellen Stufen. Wir füllen die innere Leere unseres Egoismus, die sich niemals anfüllt, aber ständig nach einem ‚Mehr' an Selbstbestätigung verlangt.

Wir beuten aus, weil wir nicht verstehen, dass unsere jeweiligen Emotionen, hervorgerufen durch menschliche Interaktion, Egoismus ausschließen.

Also verstehen wir auch nicht, dass wir nicht festhalten oder unterbinden können, was sich unserer Kontrolle entzieht.

Wir Menschen leben für emotionale Erfahrungen, sowohl in positiver wie negativer Hinsicht. Allein hierdurch erkennen wir den Wert von eigener und fremder Existenz, mit dem wir diese Emotionen verbinden. Aber wir erkennen bisher kaum den Preis, den diese emotionalen Erfahrungen und ihr existentieller Sinn für uns beinhalten.

Emotionen sind nichts Unverwechselbares oder individuell Einmaliges. Jeder menschliche Organismus generiert durch seine Psyche Emotionen. Und jeder menschliche Organismus ist durchs identische Grunddesign seiner Psyche ebenso in der Lage die gesamte Bandbreite an emotionalem Potential, dessen seine Artgenossen fähig sind, zu durchleben.

Was wir damit sagen wollen: die Art und Weise, wie der menschliche Organismus Emotionen generiert, mag ihn als gesamte Spezies von sämtlichen anderen Organismen unterscheiden. Aber sie unterscheidet ihn nicht innerhalb seiner Spezies. Denn hier bilden Emotionen einen Gemeinplatz, von jeder menschlichen Psyche generier- und erfahrbar.

Der singuläre menschliche Organismus, der seine individuelle Identität stets aus emotionalen Motiven manifestiert, ist noch nicht fähig zur grundsätzlichen Unterscheidung zwischen seinen persönlichen Emotionen und den Grenzen existentieller Wirklichkeiten.

Seine objektive Selbstreflexion endet mit seinen emotionalen Motiven und dem Willen, der eine praktische Umsetzung dieser emotionalen Motive unternimmt.

▶ KOPERNIKUS

Die **Manifestation individueller Identität** im menschlichen Organismus ist zwar der konsum- und gewinntaugliche Modus Operandi unserer modernen ökonomischen Systeme gegenüber unseren menschlichen Massen. Aber ihre Manifestation ist ein weit älteres Phänomen. Sie hat bereits mit der komplexen Organisation des menschlichen Organismus selbst begonnen.

Sie begann mit der Agrarrevolution, der bewussten Umgestaltung der organischen Welt, die erste Hochkulturen hervorbrachte.

Die Optimierung der komplexen Organisation, erst möglich durch eine Vergrößerung menschlicher Selbstbestimmung, hat die Manifestation individueller Identität immer weiter vertieft.

Standen der individuellen Identität, bis zur Neuzeit, noch der Aberglaube und die religiösen Schranken einer geozentrischen Welt entgegen, gab ihr das Weltbild eines Universums, das die Erde aus dem Zentrum menschlicher Vorstellung nahm, schließlich unbeschränkte Macht. Warum?

Anthropozentrismus ist die Manifestation individueller Identität. Sie ist die Blaupause für den Egoismus eines menschlichen Organismus, der sich seit Jahrtausenden in ‚unanfechtbarer Sonderstellung' wähnt und seiner hierarchischen Struktur und ökologischen Separation durch ein ‚hervorragendes Selbstbild' Vorschub leistet.

48

Dass die Welt des menschliche Organismus so aussieht, wie sie gegenwärtig aussieht, hat seinen ideologischen Nährboden.

Kopernikus hat uns die Gottesfurcht oder Ehrfurcht
vor dem abstrakten Schöpfer des menschlichen Organismus und seiner terrestrischen Schöpfung endgül-
tig ausgetrieben. Er hat uns, ganz unabsichtlich und
mit löblichem Motiv, nicht nur befreit von der Verantwortung für unser Verhalten und folglich der Ver-
pflichtung füreinander. Er hat uns auch nachhaltig
befreit von jeder Verantwortung gegenüber einem
universell belanglosen System namens Erde.

Das vermeintliche Wissen der kollektiven Bedeutungslosigkeit in dieser Galaxie hat dem menschlichen Individuum die Furcht vor göttlicher Strafe genommen.

Es hat ihm erstaunliche Freiräume verschafft, die
ebenso seine produktive und kreative Seite verstärkt
zum Vorschein gebracht haben, wie seine kontraproduktive und destruktive Seite.

Der selbstbewusste Geistesschub, aus dem Wirtschaft,
Wissenschaft, Ethik und Politik innerhalb der letzten
Jahrhunderte die Zivilisation der Gegenwart geschaffen haben, geht allein zurück auf die ansteigende
Freisetzung des menschlichen Individuums, mitsamt
seinem ideologischen Gepäck einer gerechten und frei-
en Existenz für jeden menschlichen Organismus.

Dafür hat dieses vermeintliche Wissen der kollektiven
Bedeutungslosigkeit eine Geisteshaltung gezüchtet,
die ihre Rechtfertigung für Zynismus und Amoralität
aus der existentiellen Bedeutungslosigkeit sämtlicher
Dinge gewinnt.

Denn wird ein Ding an sich[13] nach menschlichem Ermessen für bedeutungslos erklärt, gilt diese Bedeutungslosigkeit auch für sämtliche Konsequenzen, die im Umgang mit diesem Ding entstehen.

Die Abkehr vom geozentrischen Weltbild hat nicht nur
den abstrakten Schöpfervater verstoßen. Viel schlimmer:
Sie hat die Büchse der Anthropozentrismus erst geöff-
net und das menschliche Individuum mit der vollen
Ignoranz seiner komplexen Organisation, gerade zum
Trotz, in den Mittelpunkt sämtlicher Dinge gerückt.

Was nicht länger im Mittelpunkt steht, bedarf keiner
speziellen Aufsicht und Pflege. Es wird ein unwichti-

ger Gebrauchsgegenstand, der ganz nach Belieben gebraucht oder missbraucht werden kann.

Die menschliche Selbstselektion durch Endsolidarisierung organisierter Gesellschaften und Destabilisierung zivilisierter Gemeinschaft, ist nicht das bewusste Programm der gegenwärtigen Welteliten und Lobbyisten, die den Verteilungskampf um verbliebene Ressourcen längst zu ihren Gunsten entschieden haben. Aber die menschliche Selbstselektion wird billigend in Kauf genommen. Zum Zweck einer exzessiven Selbsterhaltung.

Das biologische Programm der Selbsterhaltung ist im menschlichen Organismus so ungebrochen intakt, wie bei jedem anderen Tier. Und sein Zusammentreffen mit den kollektiven Strukturen einer komplexen Organisation erhöht vor allem die Gefahr einer exzessiven Selbsterhaltung, statt einer kollektiven Verantwortung.

Die Botschaft vom menschlichen Individuum als dessen eigenem Gott zeigt deutlich, wie Zynismus und Fatalismus die Bedeutung menschlicher Verantwortung für das System Erde, eben durch die vermeintliche Bedeutungslosigkeit der Existenz, als Argument für dessen totale Ausbeutung benutzen.

Da das eigene Verhalten durch die existentielle Bedeutungslosigkeit des menschlichen Organismus ohnehin belanglos ist, kann man sein bedeutungsloses Dasein auch möglichst angenehm gestalten. Zumindest so lange als möglich. Die Konsequenzen, die aus dem massiven ökologischen Fehlverhalten des modernen Menschen erwachsen, tragen die Nachfahren.

Kopernikus und andere ‚Aufklärer' haben den menschlichen Organismus vom göttlichen Zentrum des Universums ideologisch degradiert zu einer Randerscheinung. Aber die Auswirkung dieser Degradierung durch ‚Aufklärung', war und ist noch immer die Trotzreaktion eines unvernünftigen Kindes, das seine Augen vor den Konsequenzen seiner missachteten Verantwortung verschließt.

Dieses Kind hat sich mithilfe seiner Selbstbezüge nicht nur eine anarchistische Welt erbaut, die ins ökologische Chaos führt. Es hat durch seine egozentrische Botschaft der ständigen Selbstoptimierung technologische Kräfte geweckt, die es längst überholt haben und jetzt Stück für Stück von seinem Sockel stoßen.

Die beharrliche Missachtung kollektiver Grundbedingungen und organischer Zusammenhänge sind klare Beweise für die anhaltende Wirksamkeit einer individuellen Identität, die eine ‚noch' tragfähige Mehrheit an Menschen umfasst, die sich von den höchsten Gesellschaftskreisen bis in die tiefsten Ghettos erstreckt.

▶ DAS EMOTIONALE MOTIV

Eine Abkehr von individueller Identität bedeutet nicht die Abkehr, Verdrängung oder Missachtung von Emotionen. Ganz im Gegenteil.
Emotionen sind der Schlüssel zum Menschsein. Das Problem: der jeweilige Schlüssel passt zumeist nicht ins Schloss der natürlichen Vernunft. Und er passt deshalb zumeist nicht ins Schloss der Vernunft, weil menschliche Emotionen stets festhalten wollen, was die biologische Uhr zu Vergänglichkeit bestimmt hat.
Der Wert menschlicher Emotionen, die festhalten, was sie loslassen müssen, ist im Idealfall die Erfahrung von persönlichem Leiden durch Unvernunft. Im ungünstigsten Fall erfährt das Umfeld des betroffenen Individuums aus diesem Leiden Schaden. Und es erfährt umso mehr Schaden, je ausgeprägter die individuelle Identität eines menschlichen Organismus, der aus Unvernunft, sprich aus Ignoranz gegen die eigene Endlichkeit handelt.
Die Bewusstseinsform der individuellen Identität ist unfähig zur Einsicht in ihre emotionalen Motive. Sie kann ihre Emotionen weder prüfen, noch von ihnen Abstand nehmen, bevor die eigene Person oder das Umfeld Schaden nehmen.
Eine Abkehr von individueller Identität bedeutet nichts anderes als die bewusste Beachtung der Endlichkeit aller Dinge, die sich alleine in der Akzeptanz für die organische Welt erfüllt.
Menschliche Emotionen sind wesentlicher Bestandteil sozialer Interaktion. Sie sind Teil menschlicher Existenz. Es gibt kein lebenswertes Leben ohne emotionale Erfahrungen. Aber es gibt auch kein menschliches Überleben ohne die kollektive Beachtung von Vernunft.

Der Mensch der Gegenwart ist nach wie vor ein Herdentier. Nur, dass er *seine Herde* nicht mehr als solche anerkennt. Sein Gehirn hält fest an einer Stammespräverenz, die innerhalb der abstrakten Strukturen organisierter Gesellschaften für die persönliche Selbsterhaltung nicht nur schädlich, sondern tödlich ist.

Der menschliche Organismus ist durch den technologischen Grad seiner Organisation an einem Punkt seiner Geschichte, in der das menschliche Individuum eine enorme Macht besitzt. Es besitzt Macht über die Entwicklung der organischen Welt, Macht über die Richtung der menschlichen Zukunft, Macht über seine Selbstbestimmung. Seine Macht als Konsument ist unübertrefflich und bestimmt die Ausrichtung seiner jeweiligen Gesellschaften. Das menschliche Individuum des späten 20. und frühen 21. Jahrhunderts besitzt eine enorme Macht über sämtliche Bereiche seines Lebens. Aber es kann die Verantwortung für diese Macht nicht tragen. Es besitzt diverse Freiheiten, aber es besitzt nicht die Fähigkeit die Konsequenzen, die aus den Entscheidungen dieser Freiheiten entstehen, zu tragen. Vor allem besitzt es keine Macht über seine Emotionen und emotionalen Motive, die dem biologischen Programm seiner unbewussten und archaischen Instinkte als Jäger und Sammler entstammen.

Daher ist ihm auch das Wissen um die Macht jeder persönlichen Entscheidung, die stets für oder gegen seine eigenen Grundbedingungen verläuft, nicht mit voller Konsequenz bewusst. Warum?

Individuelle Identität verbindet ihre Emotionen immer mit einem Glauben an die eigene Einmaligkeit. Tatsächlich verwechselt sie diesen Glauben aber mit den Bedingungen des kollektiven Organismus.

Das Ergebnis dieser Verwechslung ist stets ein emotionales Unvermögen, das aus Ignoranz gegenüber seiner Abhängigkeit von einem unbekannten Kollektiv, zum allgemeinen Schaden oder Schaden aller agiert.

DAS KOLLEKTIVE EGO

Das menschliche Individuum besitzt nicht die Vernunft, um die Eigendynamik seiner Emotionen zu steuern. Es kann weder die Verantwortung für seine Emotionen, noch sein persönliches Verhalten, das seinen ungeprüften Emotionen entspringt, eigenständig tragen. Also betreibt das Individuum eine unvernünftige und vor allem unverhältnismäßige Kompensation, die zwangsläufig zu Konflikten aller Art führt.

Die Kompensation ist der persönliche Trost für sämtliche Erwartungen oder Ansprüche, die an den Bedingungen der existentiellen Wirklichkeiten gescheitert sind. Aber dieser Trost verschafft dem Individuum immer nur kurze Befriedigung. Um sein emotionales Motiv zu rechtfertigen, muss es seine Enttäuschung folglich immer weiter kompensieren.

Was hier fehlt ist der Zugang zu einem Bewusstsein, das ihm seine eigenen Emotionen, ihre Motive und Zusammenhänge objektiv verdeutlicht.

Aus diesem Grund ist das Verhalten des einzelnen Menschen auch häufig irrational.

Das Individuum glaubt sich durch seine emotionalen Erfahrungen einmalig. Aber das ist es nicht.

Die Schlange an Menschen, die unter ihren persönlichen Enttäuschungen leidet oder sich durch ihre situative Freude als Auserwählte fühlt, ist endlos lang.

Wir dürfen uns anstellen, jammern und verbittern, auf unsere Vorstellungen von Recht oder unsere Einmaligkeit beharren. Wir können unsere persönliche Freude in vollen Zügen auskosten und die existentiellen Wirklichkeiten ignorieren. Bis wir sterben.

(Eine weitere Generation, die mit ihrer falschen Vorstellung von Identität und externen Erwartung vorüberzieht. Nachdem sie ihre falsche Vorstellung und externe Erwartung ein weiteres mal äußerst erfolgreich an ihre Nachkommen vererbt hat.)

Oder wir können unsere individuellen Interessen vergessen und tun, was zu tun ist, um unser persönliches Fehlverhalten, das uns alle betrifft, zu verringern.

Denn möglicherweise werden mit der Zeit, im Zuge einer exzessiven Globalisierung, bedrohlichen Überpo-

pulation und zunehmenden Notwendigkeit zur Selbstbeschränkung, immer mehr von uns feststellen, dass
die allgemeinen Interessen der Gemeinschaft, die Interessen der organischen Welt, der Fliegenpilze und
Wattwürmer, der Hauskatzen und Einzeller mit unseren individuellen Interessen vollauf übereinstimmen.
Sofern wir die Scheuklappen unserer individuellen
Identität abnehmen.

Fremderhaltung ist Selbsterhaltung.

Menschliche Akzeptanz lässt sich nicht produzieren,
kaufen oder konsumieren. Sie ist ein Zustand emotionaler Ausgeglichenheit, der nur erreicht wird durch
eine stetige Verhaltenskorrektur des menschlichen Individuums. Das Individuum löst sich von seinem Egoismus allein durch Abkehr von individueller Identität.
Um diese Abkehr aber erfolgreich zu vollziehen, fehlt
dem menschlichen Organismus bisher die kollektive
Identität. Daher sucht er weiterhin seinen individuellen Vorteil, der die zwischenmenschliche Separation
vertieft.

Dass diese individuelle Vorteilsnahme immer zu Separation führt, liegt am persönlichen oder emotionalen
Motiv des Individuums. Ehrgeiz, Anspruch, Gleichgültigkeit, Bequemlichkeit, Bestechlichkeit und folglich
Dummheit und Schläue.

Den Motiven, nach denen sich ein Individuum *hervortut*, um den Glauben in die Wirksamkeit seiner Existenz möglichst effektiv oder öffentlich zu präsentie-
ren, sind keine Grenzen gesetzt.

Kern dieser Motive bildet jedoch immer der Glaube an
die eigene Einmaligkeit, ein falsch verstandener und
zugleich falsch gelebter Individualismus.

Der Fehler des Individualismus liegt immer in seiner
externen-internen Bewertung. Indem er organische
Existenz und eigene Person gleichsetzt, misst er seinen
Selbstwert oder existentiellen Wert an externer Resonanz. Da organische Existenz aber erst die Voraussetzung zu persönlicher Existenz schafft, kann persönliche Existenz nie sämtliche existentiellen Wirklichkeiten erfassen und irgendeiner individuellen Vorstellung
von Selbstwert entsprechen, der hier aus externer Resonanz gewonnen wird.

Jeder Mensch lebt zu jedem Zeitpunkt seiner Existenz exakt eine existentielle Wirklichkeit. Er kann im Laufe seiner existentiellen Dauer hunderte von existentiellen Wirklichkeiten durchleben. Er wird durch die Beschränkung seiner Existenzform als menschlicher Organismus nie sämtliche existentiellen Wirklichkeiten durchleben, die organische Existenz durch die Gesamtheit ihrer Organismen ausbildet.

Das menschliche Individuum kann sich selbst nie gerecht werden. Es kann sich deshalb nie gerecht werden, da es unweigerlich aus der kognitiven Beschränktheit seiner Ich-Perspektive fühlt, denkt und handelt. Allein dies macht den individuellen Bezug zu vernünftiger Selbsteinschätzung bereits fragwürdig. Aber damit nicht genug: was hinter den bewussten Motiven des Individuums steckt, mögen sie durch scheinbar vernünftige Maßstäbe auch geprüft sein, bleibt dennoch zumeist unbewusst.

Die Hintergründe individueller Motive können u.U. analysiert und besprochen werden. Sie können verbal bestätigt oder verworfen werden. Aber eine individuelle Verhaltensbestätigung oder Verhaltensänderung im Alltag bedarf weit mehr als scharfsinniger Worte, Überzeugungen oder zeitweiliger Übereinstimmung. Sie bedarf immer erst einem persönlichem Leiden, das Chancen zu Veränderungen bieten, als Lerneffekt dienen und Verhaltensänderung bewirken kann.

(Unserer Wahrnehmung sind natürliche Grenzen gesetzt. Folglich auch unserem Bewusstsein. Wie können und sollten wir unter dieser Voraussetzung anderen Individuen gerecht werden?)

Der häufige Mangel an Vernunft, den wir im menschlichen Individuum vorfinden, hat primär nichts zu tun mit irgendeinem Mangel an Moral oder Intelligenz. Es sind unsere persönlichen Emotionen, die stets gegen die Gewissheit ankämpfen, dass die organische Welt alleine durch Funktionalität besteht. (Was das Individuum fühlt, hat nichts zu tun mit den existentiellen Wirklichkeiten, denen es ausgesetzt wird.)

Der Glaube in unsere individuelle Einmaligkeit ist der ausschlaggebende Faktor, der die menschliche Annäherung ans organische Gesamtgebilde bisher verhindert. Mit dieser Annäherung stehen und fallen jedoch der menschliche Organismus und seine Bestimmung. Unausweichlich.

Der Konsument von Produkten hat durch seine Kaufkraft entscheidende Macht über den Modus Operandi industrieller Herstellungsprozesse. Der Produzent von Existenz, der fertile oder potente Organismus, hat durch seine Reproduktion entscheidenden Einfluss auf die Population seiner Spezies und somit die eigenen Ressourcen.

Aber er ist manipuliert von separaten Kräften, die in Konkurrenz stehen und durch unzählige Möglichkeiten der Kompensation permanent seine individuelle Identität bestärken.

Daher nutzt das menschliche Individuum generell weit mehr Energie, als er verantworten kann. Umso mehr, je größer der Grad der organisierten Strukturen, die ihm zu Konsum oder Reproduktion zur Verfügung stehen.

Unsere Zivilisationen geben dem Individuum die Möglichkeiten zur exzessiven Nutzung von Energie. Aber sie verdeutlichen ihm nicht ihren korrekten Umgang. Sie geben ihm die Macht und Verantwortung über Dinge, die er zum gegenwärtigen Zeitpunkt weder verstehen, noch eigenverantwortlich tragen kann.

Der energetische Missbrauch des Individuums basiert auf einer Ignoranz, die durch emotionales Unvermögen unentwegt unterstützt wird.

Aber weder Unwissenheit noch Kapitalinteressen sind Argumente, die eine absehbare Zerstörung der eigenen Grundlagen verhindern.

THEORIE DER EFFEKTE

▶ FEUER UND KUNST

Es ist oft die Rede von den *Kulturtechniken*, die den
menschlichen Organismus vor sämtlichen anderen Organismen auszeichnen und ihn unterscheiden.
In den meisten wissenschaftlichen Definitionen wird
eine ganze Reihe einzelner Techniken aufgeboten, in
denen die kulturelle oder organisatorische Sonderstellung des menschlichen Organismus aufzeigt werden soll.
Ob diese Sonderstellung laut anthropologischer, ethno-
logischer oder zoologischer Lehrmeinung aufgrund
der einen oder anderen Kulturtechnik nun zutrifft
oder nicht, so erregen hier dennoch lediglich zwei
Techniken unser Interesse und fordern eine nähere
Betrachtung: *Feuer und Kunst*.
Aber was hat es mit diesen beiden Techniken auf sich?

▶ PROMETHEUS

Warum steht der menschliche Organismus im Gegensatz zu sämtlichen anderen Organismen so extrem ab
von der Natur? Was konkret hat seine kognitive Revolution ausgelöst? Warum existiert die menschliche
Bewusstseinsform der individuellen Identität? Was ist
ihre Ursache? Und warum zerstört sie unbewusst ihre
eigenen Lebensgrundlagen?
   Das Stöbern in der Vergangenheit ist oft mühsam. Vor
allem, wenn das Interesse der Frage der menschlichen
Herkunft gilt. Es ist ein Stöbern in anthropologischen
Fragmenten, die trotz den Möglichkeiten der Rekon-
struktion selten zweifelsfreie Aufschlüsse über die
menschliche Spezies der Gegenwart liefern.
Umso älter die Fragmente, umso schwieriger ihre Da-
tierung und Zuordnung, zumal stets neue Funde den
wissenschaftlichen Status quo permanent revidieren.

Der Werdegang des modernen Menschen gibt mehr Rätsel auf, als dass er eindeutige Lösungen für diesen Werdegang liefert.

Anthropologie und menschliche Hirnforschung verfolgen ganz ähnliche Theorien, um der Ursache unserer Entstehung und Entwicklung plausible Grundlagen zu verschaffen.

Wir wollen uns jetzt eine dieser Theorien vornehmen. Und wir wollen uns diese Theorie deshalb vornehmen, da unsre Intuition bereits beim Begriff ‚Feuer' unser Hirn klingeln lässt.

Feuer ist *das Faszinosum* und erste Urelement. In jeder menschlichen Kultur, jeder Mythologie und jedem spirituellen Ritus nimmt Feuer eine zentrale Rolle ein. Die enorme Bedeutung des Feuers für den menschlichen Organismus ist hiermit bereits offenkundig.

Aber wir sehen nicht nur seine Bedeutung. Wir greifen die Feuer-Theorie auf und behaupten: der Einfluss des Feuers auf die frühmenschliche Psyche ist nicht nur der entscheidende Faktor zur Entstehung der individuellen Identität. Sein Einfluss ist auch die treibende und formende Kraft der menschlichen Neugier, Lernmotivation und Identität.

Die tiefgreifende und umfassende Entwicklung in Sozialverhalten und Organisation des menschlichen Organismus ist ohne die Nutzung von Feuer undenkbar.

Die Flucht vor Feuer ist bei tierischen Organismen eine natürliche Reaktion der Instinkte.

Das nicht-menschliche Tier hat keine Beziehung zu einer physikalisch-chemischen Reaktion, die durch ihre ‚Unnatürlichkeit' keinen dauerhaften Bestandteil einer natürlichen Umgebung bildet, die durch dessen Wirkung überdies vernichtet wird.

Bereits die schädliche Rauchbildung löst im tierischen Organismus einen Fluchtinstinkt aus, der jede graduelle Annäherung unterbindet.

Das menschliche Tier stellt die Ausnahme dar.

Es hat das Feuer ‚entdeckt', sein Erkundungsdrang hat seinen Fluchtinstinkt unterdrückt.

Dieser Erkundungsdrang, der über den Erkundungsgang von Primaten hinausgeht, setzt eine Bewusstseinsform voraus, die sich von den Vorgängen ihrer unmittelbaren Umgebung kognitiv lösen kann.

Wir nennen diese frühmenschliche Bewusstseinsform hier die Bewusstseinsform einer *unbewussten kollektiven Identität*. Das menschliche Individuum ist bereits in der Lage zur Erkenntnis logischer Zusammenhänge. Es versteht sich auf Anpassung (Kleidung) und Anwendung von Strategien (Werkzeuge, Waffen), die *seinem Stamm* Vorteile verschaffen.

Wir betonen: die Vorteile gelten *seinem Stamm*. Denn das Individuum und sein Stamm sind noch identisch. Warum?

Der menschliche Stamm (40-100 Menschen) agiert in einer Kooperation, in der jede Auswirkung durchs Individuum noch unmittelbar den gesamten Stamm und das Individuum selbst trifft.

Dies verändert sich erst jetzt - durch die menschliche Nutzbarmachung von Feuer.

Wir behaupten: das Bewusstsein des menschlichen Organismus, jener strategische Blick auf die Umgebung und das eigene Kollektiv, hat sich durch seine Nutzbarmachung und Vorteilsnahme von Feuer Stück für Stück, aber nachhaltig verändert. Die kognitive Revolution und zugleich individuelle Separation des menschlichen Organismus beginnt nicht mit der Nutzbarmachung von Feuer (vor etwa 80 000 Jahren). Sie ist ein Prozess, der mit der kollektiven Anpassung, Entdeckung und Anwendung von Strategien beginnt.

Aber noch ist das Individuum hier nicht separiert von der organischen Welt. Erst die Nutzbarmachung von Feuer, die den menschlichen Organismus fortan unangreifbar macht, garantiert den Erfolg seiner kognitiven Revolution.

Die Nutzung von Feuer ist eine umfassende Macht, die sowohl Schutz wie Angriff erlaubt.

Die Bewusstwerdung dieser Macht hat den *mentalen Effekt der Individuation* angestoßen und die menschliche Bewusstseinsform *geöffnet*. Von der unbewussten Einheit im Kollektiv zu einer individuellen Identität, die mit der späteren Agrarrevolution sowie der Expansion und Optimierung menschlicher Organisation immer deutlicher zutage getreten ist.

Wir behaupten weiter: der *mentale Effekt* von Feuer hat nicht nur die menschliche Wahrnehmung der singulären Einheit vertieft. Er hat auch die menschliche Frage der individuellen Identität auf den Plan gerufen. Folglich hat dieser Effekt das menschliche (Selbst)Bewusstsein ebenso vor die Instinkte, wie die individuelle Identität des Geistes vor die kollektive Identität des Körpers gestellt.

Wir nennen diesen *mentalen Effekt* der menschlichen Individuation hier den **Prometheus-Effekt.**

Es ist dieser Effekt, der die menschliche Logik vor die Instinkte und Emotionen gestellt, die Frage der menschlichen Identität in die Welt gebracht und hiermit die rapide Separation des menschlichen Organismus von der organischen Welt bewirkt hat. Eine Separation, die bis in die Gegenwart fortdauert und das mangelhafte Konzept der menschlichen Logik unentwegt offenlegt: ein menschliches Verhalten auf Kosten des Gesamten und letztlich auf eigene Kosten.

Die expansive und optimierte Organisation des menschlichen Kollektivs (vom Stamm zur komplexen Gesellschaft) war und ist nur möglich durch die Frage einer individuellen Identität, die ihren **Identifikator** in den gemeinsamen Codes einer individuellen Selbsterhaltung fand. Und diesen Identifikator, durch die scheinbar ausgedehnte Macht oder Möglichkeit zur Selbsterhaltung, weiterhin dort findet.

Soweit die Theorie.

Sie deckt sich bestens mit den Indizien.

Das menschliche Individuum der Gegenwart hat noch immer seinen Stamm, mit dem es kooperiert. Familie, Freunde, Kollegen, Bekannte. Aber sein Verhalten in der abstrakten Organisation organisierter Gesellschaften hat längst nicht mehr die unmittelbaren Auswirkungen auf *seinen* Stamm wie vor der Industrialisierung. Die energetische Ineffizienz des modernen Menschen ist die direkte Folge einer Selbsterhaltung, die von den unmittelbaren Auswirkungen ihrer individuellen Vorteilsnahme auf Kosten *Unbekannter* verschont bleibt. Dieses mangelhafte Konzept von Logik, verwurzelt im Selbstbild individueller Identität, setzt sich fort in jedem menschlichen Kollektiv, das dem Individuum persönliche Profite sichert. In sämtlichen Organisationen, Konzernen oder Staaten, die nach Gewinn streben.

Tatsache bleibt, die Nutzung von Feuer hat die menschliche Wahrnehmung zwischen organischer Welt und eigener Person nachhaltig verändert. Sie hat im menschlichen Organismus die Grundlagen einer Bewusstseinsform geschaffen, die sich mit der wachsenden Organisation menschlicher Kollektive als autonome Einheit verstanden hat.

▶ NEPTUN

Was wurde und wird über menschliche Kreativität oder **Kunst** und nicht alles gesagt und geschrieben? Was wird über ihre Ursache, ihren Zweck und ihre Bedeutung nicht alles spekuliert?

Betrachten wir ihre Ursache, so erkennen wir, dass der bewusste Akt der Kreation im menschlichen Organismus nur die letzte Stufe einer anfänglich unbewussten Zusammenstellung völlig verschiedener Materialien (Stoffe, Formen, Muster) beschreibt.

Das Endprodukt dieser unbewussten Zusammenstellung, die fertige Kreation, ist nichts anderes als der jeweilige (Zeit)Punkt, in dem ein kognitiver Prozess im menschlichen Bewusstsein die Resonanz der Vollständigkeit erzeugt.

Diese Resonanz der abgeschlossene Einheit beginnt mit dem bewussten Akt der Kreation oder der *Erkenntnis der Zusammenführung*.

Was hier durch menschliche Einwirkung aber konkret zusammengeführt wird sind zwei Dinge, die tatsächlich zuvor eine Einheit waren und nun separiert werden: Organismus und organische Welt.

Die intern abgeschlossene Einheit (durch den menschlichen Organismus) wird jetzt zur extern offenen Einheit (in der organischen Welt).

Was der menschliche Schöpfer als Werk in die Welt eingeführt hat, kann jetzt von und durch andere Menschen geteilt werden. Aber die gemeinsame Teilhabe an dieser Kreation führt im Gegenzug zur partiellen Trennung von der organischen Welt.

Die Ursache der Erkenntnis für diese Zusammenführung liegt immer in einer Kombination aus *Effekt und*

Funktionalität. Das Praktische, das hier entsteht, (z.B. ein Werkzeug), muss zu seiner Kreation erst durch kognitive Prozesse und seinen praktischen Effekt in der organischen Welt beweisen, z.B. durch Stein.

Das Material ist immer der praktische Effekt für eine funktionale Veränderung. Michelangelo kann ohne die Erfindung des Meißels keinen David herstellen. Er braucht das Praktische. Aber er gebraucht das Praktische nicht, um den praktischen Effekt zu vertiefen. Er erfindet keinen Presslufthammer, um noch schneller und leichter größere Steine zu bearbeiten. Er gebraucht das Praktische, den Meißel, um stattdessen den *mentalen Effekt selbst* aufzuzeigen.

Was Michelangelo beschäftigt, ist nicht Anwendung und Vertiefung menschlicher Logik. Es ist der Ursprung des menschlichen Bewusstseins, die *mentale Einheit* zwischen Organismus und organischer Welt, in der eine Separation durchs Praktische nur die Zwischenstufe zur Reintegration der erneuten Vereinheitlichung bildet.

Denn der mentale Effekt, der sich durch Kunst selbst abbildet, z.B. in der Skulptur, bildet sowohl Grundlage, wie Überwindung des Praktischen.

Der Meißel ist in Michelangelos David noch enthalten, hat seinen funktionalen Zweck aber bereits überlebt. Die Separation ist hier überwunden. Durch die praktische oder funktionale Nutzlosigkeit des Werks.

Ein Kunstwerk ist reiner Effekt. Es erfüllt nicht die Anforderungen der Funktionalität und ist praktisch nutzlos. Tatsächlich geht es der Funktionalität aber ebenso voraus, wie es sie bereits hinter sich gelassen hat. Das Kunstwerk erzeugt im menschlichen Bewusstsein einen mentalen Effekt, wie Feuer. Aber es separiert das menschliche Bewusstsein nicht von der organischen Welt mittels praktischer Anwendung, sondern holt zurück, zeigt auf und vereinheitlicht wieder, was die Funktionalität des Praktischen zuvor geteilt und verloren hat: *die mentale Einheit von Organismus und organischer Welt.*

Die *praktische Nutzlosigkeit* von Kunst oder künstlerischer Kreativität entspricht hierbei einer *emotionalen und instinktiven Nützlichkeit*, die das menschliche Missverhältnis von Verstand, Emotionen und Instinkten versöhnt.

Kurz: der Mensch begreift hier die Gnade der Existenz. Jenes Unnennbare, das er nur durch Emotionen erahnen und zugleich loslassen muss, aber nie durch seinen Verstand erfassen und festhalten kann.

Daher kann die Gnade der Existenz, wie diverse Philosophen und Kleriker auslegen, nur erkannt werden durch die Akzeptanz der eigenen Sterblichkeit[14].

(Das Leiden ist der unvermeidliche Teil der Existenz, und der Wert von Existenz erwächst immer nur aus dem Wissen um ihren unwiederbringlichen Verlust.)

Kunst oder künstlerische Kreativität hat das logische Wissen von Leiden, Schmerz und Krankheit, von Alter und Tod verbunden mit dem emotionalen Ertragen der menschlichen Existenzform.

Die Akzeptanz der Existenz, die sämtliches Leiden, mitsamt ihrer Sentimentalität, in jeder existentiellen Wirklichkeit einschließt, ist für den menschlichen Organismus die fundamentale Bedingung zur Existenz.

Auf diese Art erinnert uns das menschliche Kunstwerk, das nutzlos an der Wand hängt, immer wieder an die ursprüngliche Einheit des menschlichen Organismus mit der organischen Welt.

Ganz pragmatisch: wie die Beteiligung der menschlichen Emotion den menschlichen Organismus durch den praktischen Effekt von der organischen Welt trennt, so führt sie ihn durch den mentalen Effekt wieder dorthin zurück.

▶ DAS TRAUMATISIERTE KIND

Der Begriff *Mimesis*[15], der eine bewusste Nachahmung der Natur meint, geht zum Teil in die gesuchte Richtung. Nur greift er etwas zu kurz, um die Tragweite der natürlichen Autodynamik auf die Entwicklung der menschlichen Psyche umfassend zu analysieren.

Die Objekte der Natur und ihre Interaktion durch Phänomene, natürliche Elemente oder Organismen liefern stets die Vorlage oder Beispiele für menschliche Kreativität.

Daher verstehen wir Kunst hier nicht als den Versuch einer natürlichen Nachahmung, sondern als den

Wunsch einer mentalen Wiedervereinigung des menschlichen Organismus mit der Natur.

Das verlorene (und traumatisierte) Kind sehnt sich nach seinem Zuhause. Da es durch sein (Selbst)Bewusstsein sein Zuhause aber unweigerlich verlassen hat und nicht mehr den Heimweg findet, sucht es Trost in seinem vormenschlichen und kollektiven Unterbewusstsein. Es sucht und findet mentale Einheit, indem es Kreation imitiert.

Das *Imitieren der Kreation* durch Kreativität führt das menschliche Bewusstsein zurück zur Natur und hilft menschlichen Kulturen zur kollektiven Therapie ihrer Traumata.

Der Clou hierbei ist folgender: Die menschliche Psyche hat nahezu keine Beteiligung an der Ausübung künstlerischer Kreativität. Sie wählt lediglich den familiärsten Modus ihrer Kultur: sie wählt Form und Motiv, Ausdruck und Material. Alles Übrige besorgt die organische Welt. Sie sucht für den singulären Organismus zusammen oder ordnet an, was ihr durch die Filter der kollektiven Wahrnehmung komplementär erscheint. Sie ist Form und Motiv, Ausdruck und Material.

Die runde Form des Rades ist komplementär zu ihrem geraden Untergrund. Die biochemischen Verbindungen der funktionalen Einheit Organismus sind komplementär zur organischen Welt. Das kollektive Unterbewusstsein der menschlichen Spezies ist komplementär zur künstlerischen Kreativität.

Das komplementäre Prinzip ist Voraussetzung, wie Ergebnis der infiniten Transformation sämtlicher Objekte der Natur. Wie Rad und Untergrund zur menschlichen Mobilität, führen organische Welt und Überwindung individueller Identität zur mentalen Einheit.

Wir kommen noch einmal zurück auf die menschliche *Neotonie*, jenes verzögerte, postnatale Lernen des menschlichen Organismus. Das spielerische Anordnen von bekannten und unbekannten Dingen durch kindliche Neugier erzeugt Kreation. Es bringt Gestaltung von Ordnung durch ein *harmonisches Zusammenwirken* völlig verschiedener Teile. Die menschliche Empfindung für Harmonie gestaltet somit Ordnung durch eine unbewusste Wiedererkennung der natürlichen Einheit. Was hier konkret wiedererkannt wird, ist die

Verbindung sämtlicher Teile der Natur, die auf den ersten Blick nichts miteinander zu tun haben.

Dieses Wiedererkennen ist Emotion.

Kunst, diese mehr oder minder komplexe Gestaltung von Emotionen, zeigt die ursprüngliche Einheit von Organismus und organischer Welt.

Auch andere tierische Organismen wie Staaten bildende Insekten *gestalten* ganz allgemein. Aber diese Gestaltung dient stets der praktischen Anwendung in der organischen Welt.

(Eine Ameise begreift sich nicht als Individuum.)

Sprechen wir darüber hinaus von emotionaler Gestaltung, erkennen wir schnell die Grenzen zwischen dem menschlichem Organismus und sämtlichen anderen Organismen.

Auch andere tierische Organismen, siehe Primaten, gestalten ihre Emotionen. Aber diese Emotionen finden stets ihren unmittelbaren und funktionalen Ausdruck mittels physischer Handlung oder Darstellung.

(Ein Schimpanse ist Teil seiner organischen Welt.)

Was der menschliche Organismus als Kunst oder künstlerische Gestaltung klassifiziert, ist in der Regel ohne praktischen Nutzen.

Bilder, Skulpturen, Musik gestalten und bedienen Emotionen. Vordergründig fungieren sie als emotionales Ventil für Individuen oder ein beliebiges Kollektiv. Tatsächlich beschreibt menschliche Kunst im Endeffekt aber nichts anderes als die infinite Logik einer Natur, die sich dem menschlichen Medium bedient und zugleich verständlich macht.

Die emotionale Gestaltung tierischer Organismen ist stets irreversibel. Die emotionale Gestaltung menschlicher Organismen nicht. Sie bleibt durch das Kunstwerk jederzeit abrufbar und bildet ein kulturelles Zeugnis an emotionalen Befindlichkeiten, das ins kollektive Gedächtnis von Kulturen eingeht.

Womit wir es bei menschlicher Kunst zu tun haben, ist also nur auf den ersten Blick eine raffinierte Form der Verehrung, die den Kult, auf dem Kulturen und de facto Zivilisationen basieren kritisch analysieren und die bestehende Verehrung für die verlorene mentale Einheit des menschlichen Organismus mit der organische Welt um bislang unbeachtete Aspekte erweitern.

In Wahrheit hat Kunst das tragische Missverhältnis zwischen Verstand, Emotionen und Instinkte wieder aufgehoben, indem sie die Botschaft einer infiniten Logik der Natur verständlich macht. Sie zeigt das Ideal einer menschlichen Selbsterkenntnis, die durch die Grenze der Existenzform nie verwirklicht werden kann.

Im Idealfall führt Kunst, entstanden aus kollektiver Emotion und expandiert durchs Kollektiv, beim menschlichen Organismus zur Anhebung individueller Selbstreflexion und einer möglichen Erweiterung individueller Wahrnehmung für die fundamentalen Zusammenhänge von existentiellen Wirklichkeiten.

Denn menschliche Kunst holt ihre Materialen nicht aus der individuellen Identität ihres Künstlers. Sie holt ihre Materialen aus dem kollektiven Unterbewusstsein der gesamten Spezies.

Das ausführende Individuum ist lediglich Projektionsfläche oder besagtes Medium der kollektiven Botschaft einer infiniten Natur.

Das Stadium der organischen Einheit zwischen vormenschlichem Organismus und organischer Welt ist analog zum unbewussten Zustand kreativer Höchstleistung. Sie rekapituliert den mentalen Effekt, der den menschlichen Organismus einst von der organischen Welt getrennt hat und jetzt, im Vorgang seiner nutzlosen Kreativität, wieder zur vorübergehenden Einheit mit der Natur führt.

Wir nennen diesen mentalen Effekt der Vereinheitlichung hier den *Neptun-Effekt*, da er den Zirkel der menschlichen Separation wieder schließt. Wie der *Prometheus-Effekt* zuvor das Trauma der menschlichen Separation von der organischen Welt hervorruft, indem er Verstand, Instinkte und Emotionen in Missverhältnis bringt, bewirkt der Neptun-Effekt die (mentale) Reintegration des menschlichen Organismus in die organische Welt.

MIXTUM COMPOSITUM

▶ INSTINKTE

Fleischfresser, Pflanzenfresser, Allesfresser, Primat oder evolutionäres Experiment. Aggressor, Schlichter oder Brückenbauer - der menschliche Organismus ist ein einziges Durcheinander.

Wir passen in jede Kategorie, bedienen jede Kategorie. Wir gehören in jede Kategorie und doch in keine. Vor allem aber sind wir Tiere, kämpfen durch unsere unbewussten Instinkte fortwährend um die bewusste Übereinstimmung von Verstand und Emotionen.

Wir schleppen unsere biologische Codierung quer durch sämtliche Kulturen, bewahren unseren individuellen Egoismus, aber drängen zugleich auf gesellschaftliche Übereinkünfte.

Unser Verhalten ist einerseits noch geprägt durch unsere urzeitliche Stammespräverenz und eine exklusive Intimität, die unsere Kapazitäten an Vertraulichkeit durch eine Handvoll Artgenossen bereits erschöpft. Andererseits werden wir beeinflusst und erzogen von kulturellen und ethischen Aspekten, die erst eine rasante globale Organisation unsrer Spezies ermöglicht haben und ermöglichen.

Ein unvertrauter Geruch macht uns automatisch misstrauisch. Aber die gesellschaftlichen und öffentlichen Codes, die wir geschaffen haben, unterdrücken unsere Instinkte. Eine Ansammlung tausender Menschen, der tägliche Pendelverkehr in Bus oder Bahn, der Gang durch eine überfüllte Fußgängerzone - sie alle führen zu einem menschlichen Verhalten, das der animalischen Natur des menschlichen Organismus entgegensteht.

Die Enge urbaner Räume ist nicht der natürliche Lebensraum eines menschlichen Organismus, der Erbgut und Instinkte von Jägern und Sammlern in sich trägt. Sowenig ist die Vielzahl zwischenmenschlicher Kontakt, entstanden im Zuge öffentlicher Bereiche ein

Zustand, den die Psyche des menschliche Organismus problemlos verkraftet. Man kann archaische Instinkte nicht ständig in kulturelle Formen pressen, ohne dass eine Abwehrreaktion oder Schädigung auftritt.

Der bewusste und kultivierte Teil des menschlichen Geistes stößt immer an den archaischen und unkultivierte Teil des Menschen, der unbewusst dessen biologisches Programm steuert und sein Verhalten beeinflusst. Der menschliche Organismus ist psychologisch nicht ausgerichtet auf ein dauerhaftes Leben in einer anonymen Masse seiner Spezies. Eine Kopfzahl von hundert Menschen ist das Höchstmaß, das als persönlicher Bekanntenkreis noch gedeutet und überschaut werden kann.

Das Leben in einer Großstadt ist für die Masse menschlicher Organismen überhaupt nur möglich durch vorübergehende Ausschaltung ihrer Intimsphäre.

Diese Verhaltensmanipulation des Körpers beruht auf einem einfachen psychologischen Bluff: der Schutzfunktion von Kleidung, die eine direkte Berührung (der Haut) pro forma verhindert.

Und doch kann diese körperliche Verhaltensmanipulation nicht ununterbrochen aufrechterhalten werden, ohne dass sie zu dauerhaften Stresssituationen und psychischen Folgeschäden führt.

Nicht umsonst sind Verhaltensstörungen häufig das Produkt komplexer Verhaltensnormen in menschlichen Ballungsräumen.

Die kulturellen und ethischen Aspekte, die unser Verhalten beeinflussen, sind schließlich wesentlich jünger als unsere Stammespräverenz.

Betrachten wir die menschliche Evolution, die im Teamwork kleiner Herden ihren Anfang nahm, so ist die moderne Flut an Reizen, Informationen und zwischenmenschlichen Bekanntschaften quasi eine brandneue Erfindung.

16000 Jahre der Landwirtschaft, die 6000 Jahre an Hochkulturen, kultureller Domestizierung und Zivilisation einschließen, sind nur ein dünnes Eis, gemessen an viel älteren und länger andauernden Formen menschlicher Urgemeinschaften, die unser Verhalten als Jäger und Sammler nachhaltig geprägt haben.

Das menschliche Tier hat seine Instinkte unterdrückt und in sein Unterbewusstsein gesperrt. Aber es ist weit entfernt von einer mentalen Domestizierung. Seine Instinkte sind weiterhin aktiv und greifen.

Unsere organisierten Gesellschaften haben dieses Tier durch allgemeinen Wohlstand und Korruption gegenwärtig lediglich kaserniert. Aber sie haben es noch längst nicht soweit domestiziert, dass es Instinkte, Verstand und Emotionen beständig im Gleichgewicht halten kann.

Aus diesem Grund entwickelt sich unser kollektives Bewusstsein im Individuum auch sehr viel langsamer, als der Selbsterhaltungstrieb es zulässt. Denn die Sicherung des eigenen Stammes, der eigenen Gruppe oder eigenen Familie dienen schließlich der persönlichen Selbsterhaltung.

Evolutionäre Mechanismen halten sich lange. Eine Verhaltensänderung durch kulturelle Selbsterziehung ist langwierig und schwierig. Die Divergenz zwischen organisiertem Kollektiv und egoistischem Individuum sorgt immer wieder ebenso für Hoffnung, wie Frustration. Es gibt keine schnellen Erfolge im Kampf um das richtige Maß zwischen Menschen. Und es gibt noch weniger den schnellen Erfolg im Kampf um das richtige Verhältnis zwischen Mensch und organischer Welt.

Unsere Anstrengungen zur Entwicklung einer *menschenmöglichen Vernunft*, wie sie Demokratie und Aufklärung formulieren, haben noch nicht den Grad erreicht, an dem das menschliche Individuum erkennt, dass seine Selbsterhaltung über sein persönliches Umfeld hinausgeht und in der kollektiven Übereinkunft menschlicher Gemeinschaften wurzelt.

(Die menschliche Bestimmung kann nur in einer globalen Gemeinschaft liegen, einer Gemeinschaft, die das kulturell und ideologisch separierte Individuum ablegt und zu einer menschenmöglichen Vernunft gelangt. Eine Form von Vernunft, die sich orientiert am Vorbild einer *natürlichen Vernunft*, wie die Natur sie aufzeigt, ist auf lange Sicht unumgänglich)

Der räuberische Egoismus, der rein aus einer Notwenigkeit zu persönlichen Vorteilen kooperiert, ausschließlich seiner Selbsterhaltung, seiner Brut und seinem Stamm dient, ist in uns Menschen noch zu präsent, als dass ein paar Jahrhunderte der Aufklärung und neuzeitlichen Ethik dessen Überwindung bewirken.

Das Tempo unserer kulturellen Entwicklung, definiert von unserer Logik, ist wesentlicher höher als unsere biologische Anpassungsfähigkeit an selbstgeschaffene Veränderungen.

Wir müssen bedenken, unsere urzeitlichen Verhaltensstrukturen lassen sich nicht aufbrechen ohne die massiven Widerstände durch Instinkte, Triebe und Emotionen. Das menschliche Tier, Jahrtausende ein Jäger und Sammler mit komplizierter Sozialstruktur und Hierarchie, lässt sich nicht domestizieren innerhalb weniger Generationen.

Daher kann sein Bewusstsein weder im Einklang stehen mit den Forderungen von Kultur und Ethik. Noch ist es bisher generell in der Lage Logik, Emotionen und Instinkte auf einen Nenner zu bringen, der sich nach kollektiven Verhaltensmaßstäben, und vor allem vor der Natur, als *Vernunft* klassifizieren ließe.

Unsere modernen Gesellschaften sind Graubereiche, in denen wir unsere individuellen Talente einbringen. Meist bringen wir sie ein zum persönlichen Vorteil, manchmal zum allgemeinen Wohl unserer Spezies, aber nur äußerst selten zum persönlichen Nachteil.

Die Komplexität, Unübersichtlichkeit und Anonymität unserer gesellschaftlichen Landschaften und künstlichen Räume überdeckt fast immer unsere antiquierten Verhaltensmuster, die sich jeder Umgebung spielerisch anpassen. Und mit ihnen der räuberische Egoismus.

Wir Menschen haben noch (längst) nicht umfassend verstanden, dass unsere Zivilisationen innerhalb der kommenden Jahrhunderte nur dann weiterhin bestehen, wenn wir unsere gesellschaftliche und kulturelle Separation, unsere überholten Konkurrenzbegriffe und archaischen Verhaltensmuster gründlich reformieren.

▶ DIE MENSCHLICHE BEDEUTUNG

Sehen wir uns den menschlichen Organismus im ökologischen Kreislauf etwas genauer an, lokalisieren und definieren wir seine Position.

Was sehen wir?

Wir sehen einen tierischen Organismus, entstanden aus den Bedingungen der organischen Welt.

Da dieser Organismus sich nicht selbst geschaffen hat, sondern ein Produkt der organischen Welt ist, steht er auch zwangsläufig in Interaktion und Abhängigkeit zu einer organischen Welt, die seine existentiellen Bedingungen festlegt.

Interaktion bedeutet Wechselbeziehung.

Der Zwang zu Interaktion bedeutet für den menschlichen Organismus somit eine substantielle Wechselbeziehung zwischen seinem eigenen Stoffwechsel und einer organischen Welt, die seinen Stoffwechsel erst ermöglicht. Also fragen wir: welchen organisch-funktionalen Zweck erfüllt die bloße Existenz des menschlichen Organismus?

(Wir wollen an dieser Stelle nicht von den negativen Folgen menschlicher Massen und ihrer energetischen Ineffizienz sprechen. Wir betrachten hier zunächst nur die unmittelbare Wechselbeziehung des menschlichen Individuums mit seiner Umwelt, bzw. die energetische Wechselbeziehung von Konsument und Produzent.)

Der menschliche Organismus konsumiert zur Energiegewinnung Sauerstoff und produziert im Gegenzug Kohlendioxid, das als Quelle von Kohlenstoff beim Aufbau von bakteriellen und botanischen Organismen benötigt wird. Darüber hinaus konsumiert er organische Verbindungen, Kohlenwasserstoffe und biochemische Verbindungen. Und er produziert Exkremente, die Mineralen und wiederum organische Verbindungen, Stickstoff- und Ammoniumverbindungen enthalten.

Sämtliche Stoffen finden im Idealfall Wiederverwendung im Stickstoffkreislauf bakterieller und botanischer Organismen. Soweit die Theorie.

Im Gegensatz zu sämtlichen anderen Organismen steht der menschliche Organismus allerdings längst außerhalb des Nahrungskreislaufs. Da er nicht als Energiequelle für andere tierischer Organismen dient, bleibt seine Biomasse, bis zu seinem organischen Ableben, unverändert bestehen.

Aber selbst die posthume Nutzung seiner Biomasse ist für keinen Stoffkreislauf mehr von Bedeutung.

71

Das natürliche Recycling seiner organischen Substanzen durch Pilze und Mikroorganismen wird anhand kultureller Eigenheiten, mittels diverser Bestattungsrituale, erschwert oder gänzlich aufgehoben.

Der Idealfall, dass die organischen Verbindungen menschlicher Exkremente in organisierten Gesellschaften eine ökologische Wiederverwertung als Dünger finden ist mittlerweile äußerst selten. (Menschliche Exkremente erhalten zu viele Schadstoffe fürs Grundwasser.)

Der Klärschlamm, der in Kläranlagen entsteht, wird bestenfalls in Verbrennungsanlagen als thermische Energie verwendet.

Ganz ähnlich wie mit belasteten Exkrementen verhält es sich mit den Schadstoffen, die der menschlichen Organismus der Gegenwart durch seinen Stoffwechsel beständig aufnimmt und in seinen Organen und Knochen einlagert.

Wohin mit der Leiche? (Ohne Rückstände und mit möglichst geringem Energieverbrauch?)

Ihre biologische Zersetzung bei Erdbestattungen setzt die angereicherten Schadstoffe in den Böden erst frei. Ihre Verbrennung durch Feuerbestattungen führt entweder zu verstärkter CO_2-Emission oder zu erheblichen Rückständen an Schadstoffen in den Verbrennungsfiltern von Krematorien. (Selbst alternative Methoden wie die alkalische Hydrolyse (Resomation) oder Promession (Gefriertrocknung) des menschlichen Organismus, die wenig bis keine ökologischen Schadstoffe hinterlassen, fordern einen hohen Energieverbrauch.)

Der organisch-funktionale Nutzen des menschlichen Individuums für Stoffkreisläufe, organisches Komplement und das Fließgleichgewicht des planetarischen Systems sind somit relativ gering.

Wir sagen hier relativ gering bezüglich der bloßen Existenz des menschlichen Individuums und dessen Stoffwechsel als Voraussetzung seiner Existenz.

Eine Vielzahl anderer tierischer Organismen produziert ebenso Kohlenstoff und organische Verbindungen, die für Pilze und Mikroorganismen eine identische Wertigkeit besitzen. Allerdings stehen diese Organismen bereits durch ihre bloße Existenz ebenso im Nahrungskreislauf, wie ihre Biomasse ungehindert sämtlichen Stoffkreisläufen dient.

Diese Organismen erfüllen sowohl das komplementäre Prinzip, wie ihre bloße Existenz das planetarische Fließgleichgewicht erhält.

Was den natürlichen Zweck betrifft, lässt sich also festhalten: der menschliche Organismus der Gegenwart ist durch seinen Stoffwechsel und aus organischer Sicht nicht gänzlich überflüssig. Dennoch ist seine Existenz, bedingt durch seine Separation von Naturkreisläufen lässlicher als die Existenz jedes anderen Organismus.

(Umso besser wissen wir, was die menschliche Separation vom Naturkreislauf, seine anarchistische Organisation und ungebremste Reproduktion im planetarischen System bewirkt hat und weiterhin bewirkt.)

Welches Argument spricht also für den Nutzen des menschlichen Organismus? Und welche Bedeutung hat dieser Organismus eigentlich für die organische Welt? Und was kann das menschliche Individuum tun, um seine Existenz vor der Natur überhaupt zu rechtfertigen. Sofern es seine Ignoranz, seinen Egoismus, den Glauben an die Wirksamkeit seiner Einmaligkeit und seine individuelle Identität abgelegt hat?

Das repräsentative Konzept der Natur, das eine universelle Ordnung durch Harmonie ausdrückt, folgt auf organischer Ebene einem komplementären Vernunftprinzip. Wir erkennen in diesem Prinzip das einzig gültige und unumgängliche Gesetz für alle Formen biologischer Existenz.

Wir erreichen das **kollektive Bewusstsein** und die energetische Effizienz, die sich diesem Vernunftprinzip annähern, auf zwei Ebenen.

Zum einen durchs Kollektiv:

was wir brauchen ist eine emotionalen Verstärkung des **kollektiven Identifikators** Gemeinschaft.

(Da sind Öffentlichkeitsarbeit und Volksentscheidungen. Eine mediale Präsenz, die Begriffe von Heimat, Familie oder Kindheit mit Natur und Zukunft verbinden. Da sind der Ausbau von Regionalismus und die drastische Verkürzung der Erzeuger-Konsumenten-Kette. Und da ist die Verstärkung der direkten und erfolgreichen Kooperation zwischen gemeinnützigen Organisationen, Technikern und Konzernen.)

Zum anderen durchs Individuum:

Was wir hier brauchen ist die regelmäßige Veröffentlichung staatlicher Dekrete und eine gezielten Informationspolitik, die ökologische Bedingungen und gesellschaftliche Ziele formulieren. Diese Ziele müssen ausführlich erklärt, ihre Erfolge und Veränderungen öffentlich berichtet werden.

Wir brauchen die Einrichtung von Kontrollorganen, die über notwenige Verbote von individuellem Fehlverhalten wachen, eine globale Vermögenssteuer erheben und selbstverantwortliches Handeln fördern.

Wir brauchen eine massive Anwendung erneuerbarer Energien, die Abschaffung von globaler Überproduktion und die Einführung der Geburtenprävention.

Und wir brauchen dies alles nicht aus ideologischen Motiven oder irgendeinem Sinn für Gerechtigkeit, sondern der offenkundigen Not einer menschlichen Selbsterhaltung, die keine Alternativen mehr zulässt.

KLIMATISCHE DIVERGENZ

Wie konnte sich der menschliche Organismus auf diesem Planeten nur derart unterschiedlich entwickeln? Wie konnte er so unterschiedliche Gesellschaftsformen entwickeln? Und wo liegen die Ursachen für die Unterschiede, die Teile der menschlichen Spezies zu gegenwärtigen Zivilisationen und organisierten Komplexen geführt haben, während andere Teile zivilisatorisch rückständig sind und über keine organisierten Komplexe verfügen?

Wie kommt es, dass der menschliche Organismus in manchen Weltregionen seine archaischen Gesellschaftsstrukturen beibehält und sein kollektives Verhalten einer progressiven Entwicklung organisierter Komplexe entgegensteht?

Die menschliche Spezies der Gegenwart zeigt keine genetischen Abweichungen. Das Erbgut der Art Mensch ist global identisch. Die biologischen Voraussetzungen und Potentiale des menschlichen Organismus zeigen somit keinerlei Abweichungen zwischen diversen Ethnien, Bevölkerungsgruppen oder einzelnen Organismen innerhalb verschiedener Weltregionen.

Wo also liegt die konkrete Ursache für die Entwicklung völlig unterschiedlicher Gesellschaftsmodelle und Gesellschaftsstrukturen?

Die Antwort nach dem Grad der menschlichen Zivilisation oder auch Organisation findet sich nicht im Mangel oder Überfluss mentaler Fähigkeiten, in Intelligenz oder analytischem Leistungsvermögen menschlicher Individuen. Sie findet sich allein im Modus der menschlichen Sozialisation, die lokal extrem abweicht.

Was ist menschliche Sozialisation?

Allgemein: es ist das Erlernen von Verhalten - zunächst durch Anpassung oder Nachahmung des heranwachsenden Individuums an das unmittelbare Milieu. Schließlich, durch dessen Wahrnehmung und Erfahrung der eigenen Person in Bezug zu diesem unmittelbaren Milieu.

Der Heranwachsende, erlernt sein Verhalten an erster Stelle durch eine Reihe von Bezugspersonen und den Einfluss eines bestimmten Milieus. An zweiter Stelle durch eigene Wahrnehmung dieses Milieus. Weder das erste, noch das zweite hat einen zwingenden Einfluss auf das individuelle Verhalten des Herangewachsenen. Sie beschreiben lediglich latente Tendenzen, in denen sich erlerntes Verhalten äußern kann.

Der Modus menschlicher Sozialisation beschreibt somit das Verhalten von Bezugspersonen und Milieu, die auf einen Heranwachsenden einwirken.

Dass dieser Modus menschlicher Sozialisation lokal extrem abweicht, liegt nicht an der kollektiven Übereinkunft von menschlichen Organismen und ihrer Organisation. Sie sind lediglich das Ergebnis einer bestimmten Sozialisation, eben durch erlerntes Verhalten.

Die Ursache für die unterschiedliche Entwicklung gesellschaftlicher Systeme liegt primär im Einfluss der jeweiligen Umwelt. Warum?

Organismen leben immer in einem bestimmten Substrat. Dieses Substrat besitzt relativ stabile pH-Werte und Temperaturen, denen sich sämtliche Organismen evolutionär angepasst haben.

Der menschliche Organismus hat sich durch seine Anpassungsfähigkeit global ausgebreitet. Er lebt in Regionen, deren klimatische Bedingungen extreme Abweichungen zeigen. Ein tropisches Klima stellt an den menschlichen Organismus völlig andere Anforderungen als ein gemäßigtes Klima.

Niederschläge, Luftfeuchtigkeit und Temperaturschwankungen üben generellen Einfluss aufs Verhalten von Organismen. Der menschliche Organismus ist davon nicht ausgenommen.

Ein gemäßigtes Klima, das eine sichtbare Veränderungen der Jahreszeiten bewirkt, gibt dem menschlichen Organismus zunächst eine flexible Basis für individuelles Verhalten und Sozialisation. Daraus die Variabilität zur kollektiven Interaktion und Organisation. Die Kältephasen gemäßigter Breiten zwingen den menschlichen Organismus zu einer Kooperation, die kollektive Interessen vor individuelles Verhalten stellt. Somit verfolgt die Sozialisation des menschlichen Organismus, der wiederkehrenden Kältephasen ausgesetzt ist, ein Verhalten, das individuelle Interessen hinter kollektive Erfordernisse stellt.

Das Eigeninteresse der Selbsterhaltung kann nur bewahrt werden durch gemeinschaftliche Übereinkunft. Die Kälte zwingt den singulären menschlichen Organismus somit zur kollektiven Übereinkunft.

Diese Übereinkunft funktioniert aber nur durch eine Sozialisation, die dem jeweiligen Individuum den persönlichen Vorteil gemeinsamer Organisation vermittelt.

Die Funktionalität einer Gemeinschaft wird also erst ersichtlich durch den notwendigen Grad gegenseitiger Abhängigkeit oder Kooperation.

Erst hier entstehen Tradition und Kultur, die wiederum auf individuelle Sozialisation und somit die gesellschaftliche Fortentwicklung kommender Generationen einwirken.

Allein das Wissen einer Selbsterhaltung, die durch kollektive Übereinkunft ihre Chancen zur persönlichen Selbsterhaltung vergrößert, sorgt für die progressive und stabile Organisation menschlicher Kollektive. Ein gemäßigtes oder kühles Klima unterstützt zugleich die Strukturen dieser Organisation.

Nicht so ein tropisches Klima, das durch extremen Witterungen und Temperaturen jedes nachhaltige Denken in Konzepten von Infrastruktur und Organisation massiv erschüttert.

Ein kollektives Engagement, das ständig vor den eigenen Augen zunichte gemacht wird, das anhaltende Scheitern oder Fehlen gesellschaftlicher Strukturen, die dauerhafte Präsenz unzivilisierter Tradition oder Kultur - dies alles begünstigt das individuelle Ausleben einer archaischen Geisteshaltung, die ihre eigene Selbsterhaltung vor ein verantwortungsvolles Handeln im Sinne der Gruppe oder Gemeinschaft stellt.

Die Sozialisation des Individuums in unorganisierten Gesellschaften hat sich nicht übers Individuum erhoben. Sie hat, sie kann und wird sich nicht über ein menschliches Individuum erheben, dessen Sozialisation aus Gründen einer organisationsfeindlichen Umwelt an einer archaischen Geisteshaltung hängt.

Das menschliche Individuum, das erst gelernt hat, dann selbst erfährt und endlich weiss, das seine

Selbsterhaltung ausschließlich in seinen eigenen Händen liegt, wird sich nicht kollektivieren.

Seine Not zur persönlichen Selbsterhaltung verhindert die mögliche Durchsetzung gemeinsamer Interessen und einer komplexen Organisation.

▶ KONDITIONIERUNG

Kultur und Tradition waren und sind nur der lokale Reflex einer vorherrschenden Sozialisation. Sie sind ähnlich dem unbewussten Hautreflex, der durch eine bestimmte Temperatur oder Empfindung entsteht.

Man kann auch sagen Kultur und Traditionen waren und sind das Ergebnis einer allgemeinen Sozialisation menschlicher Individuen innerhalb lokaler Grenzen.

Ihre Folge, der Zusammenschluss in überregionale Gruppen, Staaten und Länder macht den lokal vorherrschenden Modus der Sozialisation immer zum Fundament menschlicher Umgangsformen und Verhaltensnormen.

Wir fragen daher nicht nach den selbstgeschaffenen Möglichkeiten, sondern den Voraussetzungen und Umständen, aus denen sich erst die potentiellen Strukturen für selbstgeschaffene Möglichkeiten ergeben.

Der Modus menschlicher Sozialisation, der zu jeweiligen Kulturen und Traditionen führt, ist das langwierige Ergebnis geophysischer Einflüsse. Ihre Macher sind Klimaten und Landschaften.

Die diversen Formen an menschlichen Gemeinschaften entstehen somit aus einer mehrheitlichen Konditionierung für selbstgeschaffene Möglichkeiten, die bei gemäßigten Umwelteinflüssen eine sichtbare bzw. progressive Veränderung von Tradition und Kultur bewirken und das Individuum in gesellschaftliche Kollektive integriert.

Wie das Individuum organisierter Gesellschaften konditioniert wird zur Selbstbehauptung mittels kollektiver Strukturen, wird das Individuum unorganisierter Gesellschaften konditioniert zur Selbstbehauptung inmitten individueller Anarchie.

Das individuelle Bewusstsein fürs Kollektiv wächst mit dem Grad der kollektiven Organisation.

Das Individuum organisierter Gesellschaften ist durch seine Sozialisation konditioniert zur Kooperation. Es kann sich nicht länger verstecken hinter seiner persönlichen Ignoranz oder auf eine Selbsterhaltung berufen, die bereits gesichert ist. Seine Eigeninteressen unterliegen der Macht eines öffentlichen Bewusstseins, das sein jeweiliges Verhalten unterstützt oder in die Schranken weist.

Die Cleverness des Einzelnen, der die Gemeinschaft zu primär persönlichen Vorteilen nutzt und durch ein unsolidarisches oder asoziales Verhalten zugleich endsolidarisiert, hat in diesem öffentlichen Bewusstsein ausgedient. Das kollektivierte Individuum, dass das öffentliche Bewusstsein maßgeblich bestimmt, wird von diesem Bewusstsein nicht länger gemessen am Maß seiner Selbstorganisation. Es wird nicht länger gemessen an seiner finanziellen oder materiellen Potenz, seinem Status oder seiner gesellschaftlichen Stellung. Es wird ausschließlich gemessen am Grad seiner Nützlichkeit und seines Engagements für die Gemeinschaft.

Das anarchistische Individuum, dass die Gemeinschaft zu persönlichen Zwecken missbraucht, hat im öffentlichen Bewusstsein ausgedient. Sein ansteigendes Fehlverhalten auf Kosten der Gemeinschaft bedeutet nur die wachsende Notwendigkeit zur Verstärkung seiner Kollektivierung. Durch die Gemeinschaft.

DAS BEWUSSTSEIN BEIM ATEMZUG

▶ VON DER BEWUSSTSEINSFORM

Ich bin ich! Ein Irrtum.

Eine einzelne Existenzform ist ein multipler Prozess, der ständigen äußeren Veränderungen unterliegt. Sie ist keine geschlossene Einheit, die sich zu irgendeinem Zeitpunkt ihrer Existenz vor der organischen Welt selbstständig positionieren kann.

Individualität ist die Illusion eines Bewusstseins, das seine tatsächliche Bedeutungslosigkeit, als Individuum, ins Gegenteil verkehrt und für bedeutsam erachtet.

Wenn wir von menschlichem Bewusstsein sprechen, verstehen wir darunter eine ganz bestimmte Bewusstseinsform, die eine individuelle Identität ausdrückt.

Mit anderen Worten, die menschliche Bewusstseinsform ist eine mentale Reflexion, die sich selbst bewusst ist, ihren eigenen Organismus in einer funktionalen Gesamtheimlichkeit und als eigenständige Einheit begreift. Dass dieser Organismus gerade *keine* eigenständige Einheit bildet, sondern nur eine Zelle innerhalb eines ökologischen Organs, genannt Umwelt, wird erst ersichtlich, sobald der Rahmen menschlicher Selbstbezüge fällt.

Der unmittelbare Kontakt oder auch die elementare Erfahrung des menschlichen Individuums mit einer Umwelt, die seine Selbstzüge bildet, verändern menschliche Selbstwahrnehmung und menschliches Bewusstsein grundlegend und nachhaltig.

Die vermeintlich hohe Bedeutung des eigenen Daseins, der jede individueller Identität zugrunde liegt, hat somit gravierende Folgen.

Zuerst hat diese Bedeutung den Selbsterhaltungstrieb des Individuums zum profitablen Programm exklusiver Interessengruppen gemacht, schließlich zur Ursache einer schleichenden Selbstselektion der Art Mensch.

Der Selbsterhaltungstrieb ist ein Bumerang, der zurückkommt und zerstört, was festhalten will, dass es nicht festhalten kann.

Die menschliche Bewusstseinsform individueller Identität hat die Bedeutung vom Körper als existentielle Grundlage in den Geist verschoben und dort durch Einbildungskraft verzerrt. Vom Selbsterhaltungstrieb als Individuum zur menschlichen Individualvorstellung. Und dies alles dank organisierter Strukturen, die dem menschlichen Individuum die Kontrolle über Energien verleihen, denen es (noch) nicht gewachsen ist.

Was der menschliche Gedanke der Individualität gegenwärtig bewirkt hat, ist folgendes: der menschliche Geist ist dem menschlichen Körper enteilt und greift nach Räumen, die sein Körper, gebunden an seine existentiellen Grundbedingungen und biologische Codierung, überhaupt nicht besetzen kann.

Wie erst am Blick auf den gesamten Organismus klar wird, dass die Zelle nur funktioniert, weil das Organ funktioniert, gelangt auch hier die menschliche Bewusstseinsform der separierten Einheit auf eine kollektive Ebene organischer Gesamtheit.

Bevor unsere menschlichen Vorfahren eine Bewusstseinsform entwickelten, die sie von ihrer Umwelt separierte, besaßen sie die kollektive Identität des Organischen, die jeden Organismus einschließt.

Erst die Bewusstseinsform der separierten Einheit, die durchs Erlebnis von *Selbst-Bewusstsein* zwischen Körper und Umwelt trat, brachte dem menschlichen Organismus eine eigene Logik.

Diese Logik der menschlichen Bewusstseinsform förderte im menschlichen Organismus zwar das Verständnis für die unmittelbare Zusammenhänge zwischen dem eigenem Körper und der Umwelt. Aber sie förderte nicht sein Verständnis für die abstrakten Zusammenhänge zwischen der eigenen Identität und organischen Abhängigkeit. Also vergaß der menschliche Organismus das Wissen des Körpers und benötigte eine neue Quelle der Identifikation, auch *Identifikator*.

Er fand diesen Identifikator in einem Selbstbewusstsein, das den Wert von Existenzformen nun durch ein individuelles Wertesystem bemaß. Während der existentielle Eigenwert als hoch eingestuft wurde, unterlag der Wert anderer Existenzformen jetzt graduellen Abstufungen. Ganz nach der Zweckmäßigkeit oder Nützlichkeit zur eigenen Selbsterhaltung.

Das Ergebnis war, dass selbst der existentielle Wert von Artgenossen nun der Bewertung einer individuellen Nützlichkeit unterlag. Entweder im direkten Sinne des Nutzers oder des Selbstbewusstseins, womit der Nutzer sich identifizierte. Alles vermeintliche Unnütze oder Unzweckmäßige, was die Umwelt diesem Selbstbewusstsein bot, wurde unwesentlich. Da es keine direkten Auswirkungen auf die eigene Selbsterhaltung hatte, besaß es auch keinen existenziellen Wert mehr.

▶ SELFIE OHNE SELBST

Identität ist für jedes menschliche Individuum eine Frage von Selbst-Definition:
Wer oder Was bin ich?
Da die Frage der Selbst-Definition aber keine einheitliche Methode besitzt, verläuft sie einerseits über die existentielle Erfahrung des menschlichen Individuums, andererseits über dessen idealisierte Vorstellung.
Daher ist individuelle Identität immer nur der abstrakte Versuch einer möglichst präzisen Lokalisierung und existentiellen Bestimmung eines Egos, das sich als eigenständige Einheit begreift oder begreifen muss - durch dessen Selbsterhaltung.
Der weite und offene Raum, der hier metaphysisch entsteht, gibt dem Individuum zwar ein enormes Spektrum an existentieller Selbst-Definition. Aber es zeigt ihm nicht automatisch das kollektive Fundament, auf dem seine Existenz zwangsläufig baut.
Das Individuum, per Selbst-Definition an sein Ego gebunden und eine eigenständige Einheit, hat gar keine andere Wahl als eine Existenz in Gewissheit seiner individuelle Identität.
Da Identität (offenbar) ein exklusiv menschliches Phänomen darstellt, das dem (Selbst)Bewusstsein entstammt, ist sie im menschlichen Individuum nicht nur von zentraler Bedeutung für dessen Handlungen und Verhalten. Sie ist vor allem das *persönliche Konzept* im Selbst(Bewusstsein) des einzelnen Menschen.
Dieses persönliche Konzept, das mittels Kognition die Erfahrung und Vorstellung des Individuums in sämtli-

chen existentiellen Wirklichkeiten anordnet und vereinheitlicht, erschafft Identität.

Identifikation, also der Vorgang, der zu jeweiliger Identität führt, ist der Akt emotionaler Überstimmung, dem die persönliche Suche und Prüfung nach mentaler Kongruenz oder kognitiven Schnittpunkten vorausgehen.

Emotionale Übereinstimmung ist das *Ideal*, das individuelle Identifikation zwar ermöglicht, aber noch längst nicht sämtliche existentiellen Wirklichkeiten beinhaltet, denen das Individuum *zu jedem Zeitpunkt* unterliegt.

Der Mensch existiert durch die Verbindung seines Stoffwechsels mit der Umwelt, nicht durch emotionale Übereinstimmung mit seinem persönlichen Konzept von (Selbst)Bewusstsein.

Daher ist die Frage der Identität für die menschliche Mehrheit auch keine Frage ihrer existentiellen Grundbedingungen, sondern einer individuellen Selbst-Definition, die weder eine kollektive Basis besitzt, noch die Grenzen ihrer eigenen Selbsterhaltung beachtet.

Denn es ist die Flexibilität des menschlichen Geistes mit seinem persönlichen Konzept, die eine Diversität des (Selbst)Bewusstseins bewirkt, auf der individuelle Identität aufbaut.

Wir haben es bei menschlichen Individuen also zu tun mit ganz verschiedenen Bewusstseinsstufen, die durch eine Verschiedenheit emotionaler Motive folglich auf völlig verschiedene Weise zur individuellen Vorstellung der eigenen Identität führen.

Wir kommen jetzt zum Kern der Sache:

Es ist nicht die Verschiedenheit der emotionalen Motive beim menschlichen Organismus, die zu dessen Vorstellung von individueller Identität führen. Es ist ihre falsche Interpretation, bzw. ihre emotionale Bezugnahme auf den eigenen Organismus. Man kann auch sagen: die emotionale Reaktion, die hier durch eine ungeprüfte Nachgiebigkeit gegen die eigenen emotionalen Motive erfolgt, wird zu einer individuellen Gesamtvorstellung, die ausnahmslos über die Einsicht der existentiellen Grundbedingungen hinausgeht.

(Jedes emotionale Motiv kann in der Praxis sowohl eine destruktive, wie konstruktive Gestaltung finden.

Sie kann zur rationalen Einsicht in universelle Zusammenhänge führen, die jede Vorstellung vom eigenen Individuum vernachlässigt. Sie kann aber auch das eigene Individuum zum Zentrum des Universums machen. Gerade weil dieses Individuum die existentielle Bedeutung des menschlichen Organismus als fatalistisches oder zynisches Alibi benutzt, um die menschliche Verantwortung zu entkräften.)

Wir müssen anmerken: der Raum, den das Ego des menschlichen Organismus an dieser Stelle einnimmt, hat nicht zwingend zu tun mit dessen individueller Gesamtvorstellung.

Ein menschliches Individuum kann durch seine Ideale bestens kollektiviert, sein persönlicher Egoismus verschwunden sein. Aber der Rahmen, in dem es sich kollektiviert hat, (Staat, Gesellschaft, Organisationen oder sonstige Gemeinschaftsformen), sind allesamt Produkte einer individuellen Identität, die von ihrem Bürger oder Mitglied weit mehr verlangen als eine bloße Existenz nach Vorgaben seiner Grundbedingungen. Daher ist das persönliche Ego des menschlichen Individuums zwar häufig *scheinbar* kollektiviert, hat seine Haltung aber tatsächlich nur einer bestimmten Interessengruppe angeglichen.

Wir sehen das sehr anschaulich bei Staaten oder Religionsgemeinschaften, in denen durch eine Uniformität an Überzeugungen die individuelle Identität des menschlichen Organismus expandiert, organisierte Strukturen und ausgeprägte Hierarchien mit jeweiligen Souveränen schafft.

Das Ergebnis der Kollektivierung individueller Gesamtvorstellungen ist somit keine kollektive Identität, die sich an den existentiellen Grundbedingungen des menschlichen Organismus ausrichtet. Das Ergebnis ist stets ein kollektiver Egoismus, der die komplexen und exklusiven Interessen von einzelnen Staaten oder Gemeinschaften vertritt. Da diese komplexen und exklusiven Interessen automatisch über die menschlichen Grundbedingungen hinausgehen, führen sie ebenso automatisch zur Missachtung ökologischer Gesamtzusammenhänge.

▶ DER GEISTIGE DUALISMUS

Der Körper ist universell. Der Geist spezifisch.
Der menschliche Körper kennt nur einen Bewusstseinszustand. Der menschliche Geist so viele verschiedene Bewusstseinsstufen, wie es menschliche Organismen und existentielle Wirklichkeiten gibt.
Der Geist kann seine Identität somit interpretieren. Der
Körper nicht. Seine Identität ist und bleibt gebunden an
seine organische Existenz. Der Körper ist das Medium
kollektiver Identität, sein Bewusstseinszustand daher
so unteilbar, wie unanfechtbar.

Individuelle Identität ist kein unvermeidliches Ergebnis der geistigen Ausrichtung. Durch die Existenz des
menschlichen Bewusstseins, das zwangsläufig nach
Identität verlangt, bedarf es zwar immer einer geistigen
Ausrichtung des Individuums. Aber diese Ausrichtung
muss nicht das eigene Individuum zur *emotionalen
Übereinstimmung mit persönlichen Konzepten von
Vorstellung und Erfahrung* machen.
Die geistige Ausrichtung des Individuums kann sich bei
ausreichender Kenntnis der eigenen emotionalen Motive
von persönlichen Konzepten lösen. Und sie kann die
Vorstellungen des Individuums seinen existentiellen
Grundbedingungen angleichen.

Der Körper ist kollektive Identität.
Die Ausrichtung des menschlichen Geistes zu individuel-
ler Identität begeht einen schwerwiegenden Irrtum.
Denn sie missachtet (aus den überzogenen Vorstellungen
der eigenen Selbsterhaltung) die kollektiven Bedingun-
gen des Körpers. Es ist das falsche oder unzureichende
Bewusstsein von Existenz, das seine individuellen
Vorstellungen über seine Grundbedingungen stellt.

Die individuelle Identität des menschlichen Organismus, (Ich bin Ich!), ist eine Bewusstseinsform, die fortwährend gegen die Auswirkung ihrer eigenen Ursachen kämpft. Ihre Ursachen sind die Selbstbezüge eines Egos, der sich anhand von Logik als *selbstbewusst*
interpretiert, aber in Wahrheit die *Einbildung seiner
emotionalen Übereinstimmung* nicht begreift.
Die Auswirkung dieser geistigen Unvereinbarkeit zwischen Verstand und Emotion besteht in der ständigen
Verdrängung der Sterblichkeit.

85

Das Ego, im Geist verhaftet, flieht aus Angst die unbequeme Wahrheit der eigenen Sterblichkeit. Also blockiert es die Gewissheit seiner Bedeutungslosigkeit und leugnet sein emotionales Unvermögen.

Das Individuum ist hier an einem Punkt, an dem es immerfort gegen die organischen Gesetzmäßigkeiten kämpft. Seine Irrationalität ist nun vollkommen. Es kann nicht verstehen, dass sein Ego, der geistige Kern seiner individuellen Identität, nur Einbildung ist. Daher kann es auch nicht verstehen, wozu seine *emotionalen und kreativen Werke* eigentlich dienen.

Um der unbewussten Gewissheit oder Angst seiner existentiellen Bedeutungslosigkeit zu entgegen, konzentriert das Individuum jetzt seine Selbstbezüge.

Das Individuum maximiert die Bestätigung seines Egos. Es betreibt eine exzessive Selbstoptimierung oder Selbsterhaltung. Aber es fällt umso härter, je weiter seine Selbstbezüge von den existentiellen Grundbedingungen entfernt sind.

Wir haben es hier, wie fälschlicherweise angenommen, nicht zu tun mit einem körperlich-geistigen Dualismus[16], der einer Vereinheitlichung des Individuums entgegensteht. (Der Geist glaubt sich zwar von seinem Körper getrennt und daher überlegen. Aber er glaubt dies nicht aufgrund seiner kognitiven Qualitäten, sondern durch die direkte Einflussnahme eines Egos, das die geistige Objektivität trübt.)

Tatsächlich haben wir es also zu tun mit einem geistigen Dualismus, der in Ego und Verstand besteht.

Das Ego schafft hier Emotionen auf irrationalem Grund. Der Verstand, emotional unbestechlich, aber durch die Ignoranz emotionaler Motive ans Egos gebunden, gerät in Widerspruch mit den existentiellen Wirklichkeiten. Das Ergebnis: das Verhalten des Individuums wird irrational. Es entwickelt Vorstellungen, Erwartungen, Ansprüche. Es betreibt eine Selbsterhaltung, die weit über seine Grundbedingungen hinausgeht. Aber es hat diese Vorstellungen, Erwartungen und Ansprüche nur aus einem einzigen Grund: der Einbildung einer emotionalen Übereinstimmung, die ganz in der Ignoranz seiner emotionalen Motive liegen. Am Ende verhindert die Abweichung von Emotion und Verstand sowohl eine Integration des Geistes in eine gesamtheimliche Betrachtung existentieller Wirklich-keiten, wie eine kollektive Sicht des Individuums auf Körper und Umwelt.

▶ DIE IDENTITÄT DES KÖRPERS

Ich bin ich! Ein Irrtum.
Ich ist die geistige Einbildung einer singulären Ein-heit, die sich menschlicher Organismus nennt. Ich weiss und kann daher nie wissen, was die Selbst-Defi-nition seiner individuellen Identität bedeutet.
Bewusstsein ist nur ein strategischer Faktor von Exis-tenz. Es die Möglichkeit zur menschlichen Erfahrung existentieller Wirklichkeiten, aber nicht die Ursache für Existenz. Daher interpretiert das Bewusstsein des menschlichen Individuums alleine die geistige Einbil-dung seiner Existenz. Sein Bewusstsein hat sich mehr oder minder identifiziert mit einer idealisierten Aus-wahl an geistigen Selbstbezügen, aber nicht mit den kollektiven Grenzen seiner existentiellen Bedingungen. Die sicht- und erfahrbare Natur bildet immer die äu-ßerste Grenze (und Belastungsgrenze) fürs menschli-che Bewusstsein. Sie wird nur greifbar durch die uni-verselle Erfahrung des Körpers. Aber nicht durch die spezifische Vorstellung des Geistes.
   Der menschliche Geist glaubt er sei unabhängig und beherrsche den Körper. Aber der Körper, vom inneren Dualismus des Geistes unbeeindruckt, lässt sich nicht täuschen und folgt der organischen Verbindung.
Der Geist glaubt, er plane die Schritte des Körpers. Aber der Körper ist längst einen Schritt weiter, steht in direkter Interaktion mit seiner Umwelt und erfährt bereits, worauf der Geist nur verzögert reagieren kann. Der Geist kann nichts wissen oder ausdrücken, worauf die Evolution den Körper nicht bereits vor Jahrmillionen biologisch programmiert hat.
   Die Intelligenz des Körpers ist der Intelligenz des Geistes weit überlegen. Seine unbewussten und intuiti-ven Mechanismen zeigen eine direkte Reaktionsfähig-keit gegenüber Umwelteinflüssen, denen der Geist nicht ansatzweise gewachsen ist.

Der Geist, stets in Distanz zur Umwelt, benötigt zu seiner situativen Wirksamkeit immer erst den bewussten Akt einer strukturellen Ordnung, bevor er dem Körper befehlen kann. Dazu braucht es Zeit. Eine Sekunde, zwei Sekunden. Der Körper hat längst reagiert und sich positioniert, seine Instinkte gezeigt.

Selbst die Intuition, der sprichwörtliche Geistesblitz, bedarf einer mentalen Wahrnehmung oder aktiven Registrierung, bevor seine reflektieren Kräfte auf Umweltvorgänge reagieren.

Nichts von all dem beim Instinkt, der den Körper sofort in Bewegung versetzt.

Der physische Apparat des menschlichen Organismus, seine anatomische und funktionale Beschaffenheit besteht aus chemischen Verbindungen, dessen Zusammensetzung die Evolution in langwierigen Feldtests als tauglich befunden hat.

Die Zelle gehorcht keiner Vorstellung, nur ihrem biologischen Programm. Sie ist codiert zwischen Stoffwechsel und Stoffkreislauf.

Die Entwicklungen, auf denen der menschlichen Körper baut, geht daher dem menschlichen Geist und dessen Bewusstsein für den eigenen Körper weit voraus.

Die zunehmende Geschicklichkeit, mit der sich der menschliche Geist die mechanischen Fähigkeiten seines Körpers angeeignet hat, zeigen die Möglichkeiten eines Körpers, der dem menschlichen Geist überhaupt erst die Grundlagen zu seiner Entwicklung zur Verfügung gestellt hat.

Die umfassende Nutzung der menschlichen Hand war kein plötzlicher Akt, sondern ein (relativ) langwieriger Lernprozess, in dem der menschliche Körper seinem Geist immer neue Anreize geliefert hat, um dessen kognitive Fähigkeiten weiter zu steigern.

Wir müssen sehen: die Hand eines Primaten besitzt keine anatomischen Abweichungen zur Menschenhand. Ein Primat kann theoretisch ebenso zu Nadel und Faden greifen und Stoffe vernähen wie ein Mensch. Dass er dies praktisch nicht kann, beweist, wie der menschliche Geist in seinem Körper herangewachsen ist, dessen komplexe Möglichkeiten erlernt und durch kognitive Anwendung auf die Spitze getrieben hat.

Der Körper ist somit nicht Partner des Gehirns. Er ist dessen Lehrer, und seine Signale sind unmittelbare Reaktionen auf Vorgänge der Umwelt.

Die Beschreibung vom Bauchgefühl für eine Form der Vorahnung ist nicht aus der Luft gegriffen, sondern bezeichnet ein körperliches Signal, dem keine bewusste Denkleistung zugrunde liegt. Das Bauchgefühl hat keine rationale Ursache. Es entsteht als körpereigene Reaktion auf unbewusste Verarbeitungsprozesse der Wahrnehmungen.

▶ DIE QUADRATUR DER ORGANIK

Der menschliche Organismus existiert jede Sekunde durch den Atemzug. Aber diese Existenz hat Konsequenzen. Wie der Mensch die Umwelt einatmet, so atmet er sie aus. Und wie er sie ausatmet, so atmet er sie daraufhin wieder ein.

Die menschliche Existenz beinhaltet also bereits die Ursache ihrer Auswirkung auf sich selbst.

Allein durchs Ausatmen steht der Organismus seiner Existenz ebenso vor, wie er ihr durchs Einatmen nachsteht. Er steht ihr vor, da er wieder ausatmet. Er steht ihr nach, da er sie wieder einatmet. Somit ist jeder Atemzug also Ursache und Auswirkung von Existenz. Dieser Existenz beim Ausatmen vorzustehen, bedeutet das umfassende Wissen der eigenen Auswirkung auf die Umwelt. Ihr beim Einatmen nachzustehen, bedeutet die Verantwortung für die eigene Ursache zu (er)tragen.

Sowohl das Wissen der Auswirkung, wie die Verantwortung der Ursache finden beim menschlichen Individuum Ausdruck durch sein Verhalten. Sie findet Ausdruck durch jede Aktion seines Körpers im Raum, die stets eine energetische Bilanz erzeugt.

Das Bewusstsein beim Atemzug, das Körper und Umwelt unmittelbar zusammenführt, ist der Eintritt in die organische Einheit.

Das menschliche Individuum kann durch seinen Geist keine Einheit mit seinem Körper und der Umwelt bilden. Allein sein Körper kann seinen Geist durchs

Bewusstsein für die Umwelt zur Einheit führen.

Das Atmen ist bereits eine Interaktion, die den Geist auf seine ständige Abhängigkeit von Körper und Umwelt aufmerksam macht.

Die körperliche Erkrankung, Verletzung oder das Alter sind allesamt Abläufe, die dem Geist die Grenzen seiner Planung aufzeigen und zur Reaktion zwingen.

Der Körper ist der universelle Schlüssel zu organischer Identifikation. Wir können uns mit der organischen Welt nicht identifizieren durch einen Geist, dessen charakterliche Diversität und egoistisches Potential unserer Spezies keine allgemein gültige Basis zur kollektiven Reintegration in die Ökosysteme bietet.

Wir befreien uns von unserem Ego nur durch Verdeutlichung unserer kollektiven Bedingungen von Körper und Umwelt. Aber nicht durch unseren Geist.

Erst hier, im Atemzug, entsteht ein gesamtheimliches Bewusstsein von Körper, Geist und Umwelt, das wir *organische Identität* nennen.

Nach menschlichem Ermessen mag individuelle Identität verständlich, plausibel oder mehr oder minder gerechtfertigt sein. Nach organischen Maßstäben der Selbsterhaltung ist sie nichtig.

Dass ihr Wert und ihre Bedeutung nichtig sind, beweist der individuelle Tod durch Zeit und die Reintegration seiner chemischen Verbindungen in die Stoffkreisläufe des Planeten.

Der Geist, der sich mit individuellen Erfahrungen und Vorstellungen identifiziert, hat das kollektive Bewusstsein des Körpers entweder abgelegt oder noch nicht erreicht. Seine geistige Ausrichtung arbeitet gegen seine organische Identität.

Die Ursache dafür heißt Erfahrung.

Die Identifikation des Geistes mit seinen individuellen Vorstellungen kann durch die Erfahrungen, die der menschliche Organismus macht, nicht dauerhaft gelingen. Denn Erfahrungen (durch existentielle Wirklichkeiten) ziehen menschlichen Vorstellungen immer Grenzen. Daher sucht das menschliche Bewusstsein, vom Körper separiert und verwirrt von der eigenen Diversität, auch nach ständiger Neuinterpretation seiner individuellen Identität. Es lernt eine Vertiefung seiner Selbstreflexion. Aber es findet solange keinen

Ausweg aus seinem Dilemma zwischen Existenz und Vorstellung, wie es seine Vorstellung von individueller Identität nicht den existentiellen Grundbedingungen angleicht und das Bewusstsein für Identität dort erkennt, woher es stammt: *aus der unveränderlichen Interaktion von Körper und Umwelt.*

Das ökonomische Fehlverhalten unserer Massen ist das Produkt einer individuellen Identität, die ihre Selbsterhaltung am Angebot einer allgemeinen Bequemlichkeit ausrichtet. Wo immer und wodurch auch immer sich das menschliche Individuum über ein selbstgenügsames Maß dieser Bequemlichkeit der Selbsterhaltung hervortut, hat nicht nur die Mehrheit seiner Spezies existentielle Missstände zu erdulden. Es wächst auch die energetische Ineffizienz des menschlichen Organismus, die eine ständige Verschärfung existentieller Missstände hervorruft.

Die ansteigende Verarmung gesellschaftlicher Massen und der exorbitante Reichtum von Individuen sind Beweis für die Unfähigkeit des menschlichen Organismus das Feld seiner individuellen Identität endlich zu verlassen.

Solange das menschliche Bewusstsein nicht den Unterschied zwischen zweckmäßiger Selbsterhaltung und persönlichem Egoismus erkennt, ist der menschliche Organismus nicht in der Lage, sein ökonomisches Fehlverhalten zu korrigieren.

▶ MASSNAHMEN

Was ist zu tun, um im System Erde die menschliche Selbsterhaltung während der kommenden Jahrzehnte zu gewährleisten?

Die individuelle Identität des menschlichen Organismus bedarf zuerst einer Identifikation mit den kollektiven Bedingungen der eigenen Spezies.

Der erste Schritt des menschlichen Individuums zu seiner Selbsterhaltung besteht im Bekenntnis zur kollektiven Identität. Der nächste und finale Schritt besteht in seiner organischen Identität.

Wir machen den ersten Schritt und lenken *die Einbildung unserer emotionalen Übereinstimmung mit dem persönlichen Konzept unserer individuellen Vorstellungen* in unsere individuellen Grundbedingungen. (Was benötigt unser Organismus?)

Wir sehen nicht auf das, was wir wollen, sondern auf das, was wir tatsächlich benötigen. Daher fragen wir nicht: was braucht ein einzelner Mensch zur Optimierung seiner Existenz? Sondern wir fragen: was braucht dieser einzelne Mensch zu seiner Selbsterhaltung?

Die kulturelle Antiquiertheit unorganisierter Gesellschaften ist das Hindernis einer kollektiven Identität, das nicht überwunden werden kann. Ihre Überwindung hieße ihre Angleichung. Ihre Angleichung eine Anhebung an die exklusiven Standards organisierter Gesellschaften, mit ihren theoretischen Möglichkeiten zu energetischer Effizienz.
Dies ist aber nicht möglich.
Da Exklusivität stets eine Mehrheit ausschließt, verliefe eine Angleichung zwischen organisierten und unorganisierten Gesellschaften allenfalls durch Absenkung oder Einbußen der Exklusivität organisierter Gesellschaften.
Ein Individuum kann persönliche Privilegien freiwillig ablegen. Eine Minderheit, die ein privilegiertes System steuert oder von ihm gesteuert wird, kann dies nicht. Sie unterliegt durch die Statuten ihres Systems einer gegenseitigen Kontrolle sowie manipulativen Zwängen.
Daher ist eine kollektive Identität des menschlichen Individuums in Form einer rechtlich und sozial gleichgestellten Menschheit, auch eine utopische Illusion.

Jahrhunderte der Aufklärung über ethische Grundsätze und Bürgerrechte können archaische Strukturen nicht im Handstreich korrigieren und/oder zivilisierten Standards beliebig angleichen. Wir sagen im Handstreich, da der Faktor Zeit hier die Hauptrolle spielt. Die gegenwärtigen Veränderungen der Umwelt lassen keinen Zweifel an der rapiden Zunahme lebensfeindlicher Umweltbedingungen, die seit Jahren zu globaler Massenmigration führen.

Unsere Zivilisationen, die Erzeuger und Förderer energetischer Ineffizienz, sind in einem Dilemma. Denn sie haben durch die ökologischen Auswirkungen ihrer energetischen Ineffizienz eine globale Massenmigration bewirkt, deren ökologische Fluchtursachen sie gegenwärtig überhaupt nicht bekämpfen können.

Und sie sind deshalb nicht in der Lage diese Fluchtursachen zu bekämpfen, da ihre Exklusivität an geographische und numerische Grenzen stößt.

Anderseits können sie ihre Exklusivität zum gegenwärtigen Zeitpunkt unmöglich aufgeben und von ihrem ökonomischen Ungleichgewicht ablassen. Dies hieße ein Rückfall in unzivilisierte Strukturen.

Folglich betreiben unsere Zivilisationen weiterhin energetische Ineffizienz, vertiefen auf diese Art die globalen ökologischen Missstände und sorgen für die weitere Verschärfung einer Massenmigration, die ihre kulturelle Antiquiertheit in unsere Zivilisationen transportiert. Huntingtons *Kampf der Kulturen*[17] ist daher ein globaler Konflikt elitärer Interessengruppen um verbliebene Ressourcen, der noch im 21. Jahrhundert auf dem Rücken kultureller Massenidentität ausgetragen wird.

MAX MUSTERMANN

▶ DIE ORGANISCHE KONTRADIKTION

Warum existieren wir? Wer oder Was sind wir?
Diese Fragen sind rein hypothetisch und irrelevant bis
nutzlos. Daher wird es Zeit sich diesen Fragen mittels
organischer Identität zu entledigen.
Auch ein Kartenspieler, der an einem Tisch sitzt und
spielt, fragt sich nicht weshalb er hier sitzt und ausgerechnet das Blatt auf der Hand hält, das er auf der
Hand hält.
Was soll dieser Spieler tun? Aussteigen?
Ein Akt für Spielverderber, die nicht verstehen, dass
das Spiel nicht stattfindet, um gewonnen oder verloren,
sondern allein, um bis zum Ende gespielt zu werden.
Ob das ausgeteilte Blatt nach Vorstellung des Spielers
nun Potential hat oder nicht. Ein Spieler spielt, um zu
spielen. Sieg oder Niederlage sind für ihn nur sekundäre Effekte, und im Anbetracht seiner temporären
Anwesenheit am Spieltisch sind Sieg oder Niederlage
ohnehin bedeutungslos. Heute er, morgen ein anderer,
übermorgen ein Dritter. Allein die Beteiligung des Spielers, das Mitspielen bzw. Mitwirken an der Spielgestal-
tung kann somit Ziel des Spielers sein. Und nicht die
überflüssige Frage nach Sieg oder Niederlage.
  Was kann dieser Spieler sonst noch tun?
Falsch spielen? Es wird immer auf ihn zurückfallen -
auf die eine oder andere Weise.
Ein Spieler muss spielen. An *diesem* Tisch, mit *diesem*
Blatt, das man ihm ausgeteilt hat.
Was spielt es also für eine Rolle woher dieser Spieler
sein/dieses Blatt erhalten hat?
Welchen Unterschied macht es für seine Pflicht zur
Spielbeteiligung, dass er bei dieser Partie ausgerech-
net sein/dieses Blatt in Händen hält?
Und was ändert es an der Konsequenz seiner temporä-
ren Anwesenheit am Spieltisch, wenn er weiss, wer
oder was er ist? Nichts!

Wir verstehen die Analogie.

Übertragen: sowenig wir Menschen in der Lage sind, unsere Existenzform zu wechseln, sowenig können wir unsere existentiellen Grundbedingungen als Organismen ändern.

Auch ein Regenwurm kann seine Existenzform nicht wechseln, und sie zu hinterfragen ist für den Regenwurm wenig hilfreich angesichts der existentiellen Wirklichkeiten, denen er als Regenwurm ausgesetzt wird.

Es spielt absolut keine Rolle, wer oder was wir Menschen sind und woher wir kommen.

Wir sind hier. Direkt im Spiel.

Die einzigen Fragen, die uns kümmern müssen, sind keine Fragen der persönlichen Herkunft, Bestimmung oder Identität. Es sind die pragmatischen Fragen der menschlichen Gegenwart und ihrer kollektiven Bestimmung.

Was ist der Status quo? Was tun wir hier und jetzt? Wie existieren wir weiter? Und welche Richtung schlagen wir ein, um weiterhin zu existieren? (Wir sagen Richtung und nicht etwa Ziel. Denn welches andere Ziel sollte der einzelne Organismus haben, außer so lange wie möglich zu überleben? Und Überleben ist eine gewaltige Aufgabe.)

Welche Karten müssen wir also festhalten und welche loslassen, um im Spiel zu bleiben?

Eine Existenz als vielfacher Organismus, (als Gemeinschaft), bedeutet immer eine Ausrichtung des gesamten Organismus im Rahmen seiner Grundbedingungen.

Dieser Rahmen ist fix und nicht verhandelbar. Und was diesen Rahmen zerstört, zerstört jede Möglichkeit für die Existenz des Organismus.

Der kollektivierende Identifikator Umwelt ist somit die unumgängliche Voraussetzung jedes Individuums zu dessen Fortdauer.

Im Klartext: Max Mustermann kann in naher Zukunft nur (weiter)existieren durch Akzeptanz einer kollektiven Bestimmung, der er als menschlicher Organismus unterliegt.

Dieses kollektive Bestimmung zum (Über)Leben kann für seine Spezies, wie für jede andere Spezies oder andere Organismen, ausschließlich in einer organischen

Identität liegen.

Wir müssen atmen, trinken, essen, überleben. Mehr kann weder der singuläre, noch kollektive Organismus erreichen. Denn Existenz ist für jeden Organismus bereits der maximale Rahmen des Möglichen. (Seine Fortpflanzung hat bereits nichts mehr mit seiner persönlichen Fortdauer zu tun.)

Jeder höhere Anspruch eines Menschen, der über seine Existenz hinausgeht, ist nur die *Einbildung der emotionalen Übereinstimmung mit dem persönlichen Konzept unserer individuellen Vorstellungen.*

Diese Illusion der Vergrößerung von Selbstwert ist in keiner existentiellen Wirklichkeit realisierbar. Jede Multiplikation oder Expansion individueller Existenz ist durch den temporären Rahmen der Existenzform ausgeschlossen.

Die Grundbedingungen von Existenz sind immer auch die Grenze jeder existentiellen Wirklichkeit.

Aber wie sollen wir weiterhin existieren, wenn wir durch die Menge unsrer Ansprüche erst unsere eigenen Grundlagen zerstört haben?

▶ DER KATZENSCHWANZ

Warum existiere ich? Wer bin ich?

Eine Katze, die ihren eigenen Schwanz jagt, kommt zum gleichen Ergebnis. Sie dreht sich im Kreis. Aber sie kann sich selbst nie einfangen.

Die Sache ist die: Max Mustermann sucht hier an der falschen Stelle. Er wird nie herausfinden, wer er ist oder warum er existiert. Sein Gedanke vom eigenen Individuum ist bereits beschränkt auf die Bewusstseinsform einer individuellen Identität, die ihre Ursache niemals erfassen kann.

Der Grund: Max Mustermann ist ein Produkt organischer Prozesse. Er ist nur eine weitere Zelle in einem Körper, die weder sich selbst noch den Körper erschaffen hat. Wie kann er also die Ursache seiner menschlichen Existenz oder Existenzform erfassen?

Die Existenzfrage des einzelnen Organismus kann nicht beantwortet werden durch die Existenzform des einzelnen Organismus.

Max Mustermann kann die Mechanismen der Evolution nicht enträtseln, eine singuläre Ursache für biologische Existenz aufzeigen und sie wissenschaftlich beweisen. Er kann durch kollektive Betrachtung der Flora und Fauna, (als ihr nahestehende oder nächstmögliche Existenzform), nur verstehen, was er ist und wozu er eigentlich existiert. Nichts weiter.

Max Mustermann, das Individuum, wird anhand der Vorgänge in der Umwelt feststellen, dass Existenz keine Frage der Identität ist, sondern die Tatsache eines autodynamischen Zyklus chemischer Verbindungen. Die Selbsterhaltung liefert bereits die Antwort.

Kein anderer Organismus als der menschliche Organismus zeigt ein Verhalten, dass eine Bewusstseinsform ausdrückt, die sich durch Fragen einer individuelle Identität unterscheidet.

Die Verhaltensmuster von Organismen der gleichen Spezies sind uniform. Lederschildkröte A und Lederschildkröte B agieren als singuläre Organismen identisch. Sie folgen beide einem biologischen Programm, das unter Artgenossen keine individuellen Abweichungen zeigt, sondern stets das komplementäre Prinzip der Umwelt erfüllt.

Das biologische Programm der Evolution belastet seine Organismen nicht mit Existenzfragen. Es gibt ihnen die **kollektive Identität** einer organischen Welt, die sich durch **organische Kontradiktion** ihrer Organismen autonom steuert, reguliert und regiert.

Dass der menschliche Organismus durch seine Bewusstseinsform aus diesem Rahmen fällt, ändert nichts an seinen Grundbedingungen - was immer er sich vorstellt, weiss oder glaubt.

Max Mustermann wird durch die autodynamischen Zyklen der Umwelt schließlich verstehen, dass seine Bewusstseinsform, die in biologisch geschlossenen Einheiten denkt, unzureichend ist, um die Tragweite zwischen seiner eigenen Atmung und der Umwelt zu erfassen.

Jeder einzelne Organismus existiert ausschließlich, um durchs biologische Programm seiner organischen Kontradiktion die existentiellen Grundlagen sämtlicher Organismen zu komplettieren.

Daher ist jede Existenz, die über eine pragmatische Selbsterhaltung hinausdenkt unmöglich. Sie ist die Illusion einer menschlichen Bewusstseinsform, die sich aus emotionalem Unvermögen weigert Max Mustermann als ordinären Organismus zu betrachten.

Dass Max Mustermann *fühlen*, *denken*, sein Verhalten *reflektieren* kann und sich selbst bewusst ist, wird hier zum Argument für seine Sonderstellung unter sämtlichen Organismen.

Tatsächlich hat Max Mustermann aber hiermit die Absurdität emotionaler, instinktiver und rationaler Gegensätze, die seiner individuellen Bewusstseinsform zugrunde liegen, nie akzeptiert.

Aus dem gleichen Grund ignoriert er die universellen Gesetze organischer Kontradiktion, die seinen individuellen Vorstellungen die Grenzen seiner Selbsterhaltung aufzeigen.

Max Mustermann weiss, dass jeder Stoffwechsel sich auf Dauer selbst erschöpft. Er weiss, dass jeder Atemzug, der seine Selbsterhaltung bewirkt, zugleich zu seiner Selbstzerstörung führt. Er weiss, dass jede Energieumwandlung und Energiegewinnung, die durch seinen Stoffwechsel stattfindet, seinen Organismus Energie kostet. Er weiss, dass sein Leben seinen Tod bewirkt. Und doch verdrängt er mit jedem Atemzug seine individuelle Bedeutungslosigkeit, verdrängt sein emotionales Unvermögen fortwährend sein rationales Wissen und macht seine Verwirrung als Individuums perfekt. Warum?

Das menschliche Wissen organischer Kontradiktion (logisches Wissen vom Tod durch Selbsterhaltung), führt durchs Festhalten an individueller Identität (Emotionen), zu geistiger Dualität und Verdrängung der Logik.

(Man muss gestehen, zuerst sich selbst zu planen und dann bei Krankheit, Alter und Sterben zu beobachten ist schrecklich. Bewusst für etwas kämpfen, was man am Ende ohnehin verliert - dies ist die Frage einer Akzeptanz, die von ihren Emotionen loslässt.

Es ist schon ein hartes Brot als Mensch täglich die eigene Dummheit ertragen zu müssen. Auch noch die Dummheit anderer Menschen zu ertragen - das ist mitunter unerträglich. Nicht umsonst ist die menschliche Existenz die schwierigste Existenzform unter sämtlichen Organismen - eben durch den ständigen Zwang zur Illusion einer individuelle Identität.)

Max Mustermann ist hier keine Ausnahme.

Sein Name und sein Dasein als Individuum sind behaftet mit Emotionen, die seinem Verstand fortwährend in die Quere kommen. Also sucht Max Mustermann einen Ausweg aus seinem Dilemma.

Was er (in der Regel) findet, ist irgendein spirituelles System, das ihm hilft bei der Überwindung seiner geistigen Dualität. Als Belohnung seiner Gläubigkeit darf Max Mustermann, trotz seinem organischem Ableben, seine Individualität behalten - ganz auf Kosten einer Bewusstseinsform, die über seine Existenzform als Organismus hinausgeht und sich selbst in kollektiven Zusammenhängen begreift.

Der Organismus namens Max Mustermann hat die Vorstellung seiner individuellen Einmaligkeit bis zum Ende ausgelebt. Seine ökologische Ineffizienz, entstanden aus dieser Vorstellung, hat zwar die existentiellen Grundlagen seiner Nachfahren zerstört. Aber was kümmert das noch den toten Max Mustermann?

Wir fragen: womit haben wir es bei spirituellen Systemen eigentlich zu tun?

Spirituelle Systeme sind geistige Produkte.

Wir fragen weiter: was sind ihre Aufgaben?

Spirituelle Systeme dienen der Versöhnung einer geistigen Dualität im Individuum. Sie versöhnen den Dualismus von Emotionen und Verstand.

Wir fragen zuletzt: wie funktionieren sie?

Spirituelle Systeme lösen durch Trennung von Geist und Körper das Dilemma der geistigen Dualität des Individuums. Die Emotionen gehen mit dem Geist. Sie finden Erlösung. Der Verstand geht mit dem Körper. Sie zerfallen.

Eine Auflösung der Dualität? Tatsächlich?

Was hier aber in Wahrheit geschieht ist eine Bestätigung individueller Identität und nicht ihre Auflösung. Die Dualität bleibt bestehen - zu Gunsten der individuellen Emotionen von Max Mustermann.

Tatsächlich sind spirituelle Systeme Produkte eines Geistes, der sich zwischen Körper und Umwelt stellt und die fundamentale Beziehung von Körper und Umwelt passgenau aufs Individuum zuschneidet.

Im Klartext: Körper und Umwelt dienen bei spirituellen Systemen nicht einem kollektiven Geist, der sich in direkter Beziehung von Körper und Umwelt befindet. Sie dienen einem individuellen Geist, der überhaupt keine direkte Beziehung zu Körper und Umwelt besitzt.

Folglich begreift sich dieser Geist auch als separate Einheit, statt als strategisches Hilfsmittel einer Natur, der dieser Geist, trotz seiner kognitiven Separation, stets angehört.

Max Mustermann, das separierte Individuum! Oder auch Max Mustermann, das kollektivierte Individuum! (Aber innerhalb einer separierten Gemeinschaft).

Was diese Geisteshaltung zur Folge hat, lässt sich bestens ersehen am Gesamtverhalten der menschlichen Spezies. Hier wird Separation durch menschliche Exklusivität zur Tatsache. Ob als Individuum oder als (exklusives) Kollektiv, das den Vorgaben individueller Identität folgt.

Was Max Mustermann, durch Flora und Fauna, also lernen kann ist folgendes:

A) Die völlige Abwesenheit des Individuums und somit namenlose Funktionalität der Zelle, die ihre Existenz allein durch funktionale Vernetzung erhält und dort wieder freisetzt.

B) Die Selbststeuerung der Stoffkreisläufe und somit der organischen Grundlagen, die durch eine energetische Transformation jeder Existenzform erfolgt.

Hier, in der organischen Welt, kann Max Mustermann seine Suche nach existentiellen Antworten beginnen. Und nur hier wird er sie finden. Ob ihm diese Antworten gefallen oder nicht.

▶ DAS REPRODUZIERTE ELEND

In einer Existenzform als menschlicher Organismus geht es bei organischer Identität nicht um die Frage: Warum existiere ich oder wer bin ich? Diese Frage ist nur der längst überholte Ausdruck einer individuellen Identität, die ein vernünftiges Zusammenleben unserer Spezies seit Jahrtausenden erschwert.

Es geht vielmehr um die kollektive Frage:
Was geschieht mit uns?
Neun, zehn, elf Milliarden Menschen im System Erde. Das ungebremste Wachstum unserer Spezies hat keine Zukunft. Es ist nicht sehr effizient einen Organismus bei begrenztem Raum und begrenzten Ressourcen immer weiter wachsen zu lassen. Und es ist auf diesem Hintergrund noch weniger effizient seine energetische Ineffizienz, entstanden aus dem impraktikablem Profitdenken individueller Identität, bis zur Selbstselektion zu unterstützen.

Man kann keine effizienten Strukturen organisieren, wenn man die Ausbeutung von Organismen und Ressourcen zum dauerhaften Fundament seiner kollektiven Strukturen macht.

Jedes achtjährige Schulkind organisierter Gesellschaften lernt, dass sich Karies durch regelmäßige Zahnpflege präventiv behandeln lässt. Wenn wir also Karies und andere menschliche Erkrankungen präventiv behandeln können, sollten wir auch in der Lage sein eine einzelne kollektive Erkrankung präventiv zu behandeln: **Elend.**

Elend, vor allem in globalen Zahlen betrachtet, ist eine solche chronische (Massen)Erkrankung, die sowohl Körper wie Geist des menschlichen Organismus von innen zersetzt.

Wir sehen täglich die Auswirkungen von globalem Elend, wir sehen wohin der ewige Kreislauf aus Überpopulation, Hunger, Elend, Kriegen und erneutem Hunger führt. Aber unsere Zivilisationen gehen noch immer nicht dagegen an. Im Gegenteil. Sie handeln (noch immer) vorsätzlich konträr.

Sie fördern Elend - durch ein globales Kapitalsystem, durch ihre Massengesellschaften und die forcierte Umverteilung des Weltvermögens, das zivilisierte Gemeinschaften mehr und mehr endsolidarisiert.

Dieses konträre Handeln hat nichts zu tun mit einem möglichen Verlust an zivilisatorischer Exklusivität gegenüber unorganisierten Gesellschaften. Es liegt allein in einem emotionalen Unvermögen, das seinen ethischen Maßstab an den falschen Stellen anlegt.

Menschliches Elend ist das Ergebnis einer individuellen Identität, die durch ihr emotionales Unvermögen zu energetischem Fehlverhalten führt.

Aber dieses Fehlverhalten kann durch die unterschiedlichen Bewusstseinsstufen des menschlichen Individuums nicht korrigiert werden mithilfe grundlegender Systemreformen und den Veränderungen ökonomischer, politischer oder sozialer Strukturen. Es kann nur verändert werden durch langsame, aber nachhaltige Korrekturen von bisherigen Verhaltensgewohnheiten, die ein energetisches Fehlverhalten beinhalten.

Das Bewusstsein, das eine kollektive Verhaltenskorrektur bei jedem menschlichen Individuum beginnt und bei jedem menschlichen Individuum endet, ist der menschlichen Mehrheit der Gegenwart niemals zugänglich. Die menschliche Mehrheit ist ein Produkt ihrer Massengesellschaften. Wie kann ein Produkt somit die Strukturen ändern, aus denen es entstanden ist und, vor allem, von denen es abhängt?

Allein eine menschliche Minderheit versteht, dass das Individuum durch sein persönliches Verhalten die Ausrichtung seiner Gesellschaft bestimmt und seine Macht als Konsument über eine Vergrößerung oder Verringerung von globalem Elend entscheidet.

Der Mensch ist ein Herdentier. Das Einzeltier in der Herde sieht nicht, dass es Teil der Herde ist. Es folgt blindlings den Leittieren. Daher kann die Herde sich selbst nicht steuern. Sie wird gesteuert und kontrolliert von Leittieren. Die wenigen Tiere, die sich selbst steuern und kontrollieren, bilden die Ausnahme. Und Ausnahmen bestätigen auch hier nur die Regel.

Dies ist keine Wertung, nur eine Feststellung.

Dennoch ist der Einfluss der menschlichen Minderheit, die nicht den Eliten angehört, aber immer wieder Reformen von unten anstößt, nicht zu unterschätzen.

Das öffentliche Bewusstsein für ökologisch-ökonomische Systemreformen wächst mit der zunehmenden Infertilität der Ökosysteme.

   Das menschliche Elend zu verringern, heißt zunächst die globale Population des menschlichen Organismus zu reduzieren und seine Wachstumsrate einem Nullniveau anzunähern. Da eine Veränderung der menschlichen Bewusstseinsform, die ein Ende individueller Identität bewirkt, ein utopisches Vorhaben darstellt, bleiben nur eine Beschränkung und Zuteilung von Energie, sowie Geburtenprävention und -kontrolle.

Andernfalls ist der Tag, an dem das menschliche Individuum zwischen Proteinblöcken und aktiver Sterbehilfe wählt, nicht mehr weit.

Dies mag aus gegenwärtiger Sicht drastisch oder überspitzt klingen. Aber es beschreibt nicht mal ansatzweise, was kommenden Generationen bevorsteht.

▶ DAS MENSCHLICHE VIRUS

Fertilität und Reproduktion sind in der Natur für gewöhnlich eine Sache von energetischer Verfügbarkeit. Jeder botanische oder tierische Organismus kann sich immer nur im Ausmaß vorhandener Nahrung und Geschlechtspartner erfolgreich reproduzieren.

Die geschlechtliche Dualität der Organismen dient dabei ganz der natürlichen Kontrolle einer reproduktiven (und somit energetischen) Effizienz, statt einer ineffizienten Selbstbefruchtung.

Produktion und Konsum unterliegen hier ganz einer Selbstregulation, die ein energetisches bzw. ökologisches Gleichgewicht schafft, indem sie durch natürliche Selektion (Nahrung, Paarung) die Hürden einer erfolgreichen Reproduktion und Existenz auf konstant hohem Niveau halten.

Nicht beim menschliche Organismus. Seine erfolgreiche Reproduktion ist durch dessen Arbeitsteilung und komplexe Organisation einer natürlichen Kontrolle, mittels der Umwelt enthoben. Seine Strategien und Technologie garantieren ihm den Zugriff auf medizinische Versorgung, sekundäre Energiequellen und Energieressourcen, die jede natürliche Hürde zur erfolgreichen Reproduktion binnen weniger Jahrhunderte nahezu völlig beseitigt hat.

Als Folge stehen dem menschlichen Organismus selbst bei primär energetischem Mangel ausreichende Ressourcen zur Verfügung, um seine Reproduktion stetig zu forcieren und seine Population zu vergrößern.

Die menschliche Verantwortung oder auch praktizierte Verantwortungslosigkeit, die angesichts begrenzter Räume und Ressourcen mit Beginn der menschlichen

Industrialisierung ungestört wächst, ist unübertrefflich.

Bestimmte Faktoren wie gesellschaftliche Aufklärung, (die theoretische) Gleichstellung der Geschlechter, Prävention und Selbstoptimierung haben die menschliche Reproduktionsrate organisierter Gesellschaften mittlerweile deutlich abgesenkt.

Die Erfindung der Pille kann daher nicht hoch genug eingestuft werden. Sie war vermutlich die bedeutendste menschliche Erfindung seit Erfindung des Rades. Im Zuge vorhandener Infrastrukturen und Zivilgesellschaft hat sie den weiblichen Organismus vom archaischen Zwang einer unliebsamen und unvernünftigen Schwangerschaft und Mutterschaft befreit.

Trotz Überfülle an energetischer Verfügbarkeit und medizinischer Möglichkeiten hat die menschliche Reproduktion in organisierten Gesellschaften somit eine erfolgreiche Beschränkung gefunden.

Nicht so in unorganisierten Gesellschaften.

Der Zwang zur unliebsamen Schwangerschaft und Entbindung durch den weiblichen, menschlichen Organismus ist ein Umstand, der primär auf fehlende Aufklärung und Prävention zurückgeht.

Patriarchalische Strukturen, mit ihrer Unterdrückung des weiblichen, menschlichen Organismus, spielen hier zwar eine gewaltige Rolle. Ebenso die gefühlte Unterlegenheit unorganisierter Gesellschaft gegenüber organisierten Gesellschaften, die nicht umsonst ihre kulturellen Traditionen und ihre religiös-fanatischen Strömungen verstärken. Aber der Hauptgrund für die beharrliche Ablehnung zivilisatorischer Werte und Organisation durch unorganisierte Gesellschaften liegt im beiderseitigen Kalkül privilegierter Minderheiten, die aus der massiven Bestechlichkeit unorganisierten Gesellschaften ihre persönlichen Vorteile ziehen.

Nicht umsonst züchten organisierte Gesellschaften Regime, die sie, bei eigenen Nachteilen oder nach Bedarf wiederum bekämpfen und beseitigen.

Das Ergebnis dieses beiderseitigen Kalküls ist in jedem Fall stets das Scheitern zivilisatorischer Aufklärung und Prävention. Hier das Scheitern durch traditionellen Widerstand. Dort das Scheitern durch die Unwirksamkeit immaterieller Werte.

Somit lässt das allgemeine Scheitern von Aufklärung und Prävention den biologischen Impuls der Reproduktion in unorganisierten Gesellschaften unangetastet und vergrößert durch eine ansteigende Population einmal mehr das Elend von Bevölkerungsmehrheiten.

Wir müssen verstehen: Ein energetischer Mangel oder eine energetische Fülle haben keinerlei Einfluss auf den Geschlechtstrieb.

Der Geschlechtstrieb, codiert im biologischen Programm, ist immer wirksam, bei sämtlichen Organismen und unter sämtlichen Umweltbedingungen. Nur unterliegt die Population von Organismen in intaktem Ökosystemen einer Selbstregulation, die deren Wachstumsrate auf ein ökologisch verträgliches Maß beschränkt.

Raubtiere, Fressfeinde und mangelndes Nahrungsangebot führen hier automatisch zur zahlenmäßigen Regulation von Organismen.

Da in vielen unorganisierten Gesellschaften patriarchale Strukturen herrschen, die Hand in Hand gehen mit (religiösen) Traditionen, die eine sexuelle Unterdrückung von Frauen nicht nur legitimierten, sondern aktiv propagieren, erfolgt auch keine Eigenprävention des menschlichen Individuums.

Keine Bildung bedeutet keine Aufklärung, bedeutet kein Recht auf sexuelle Selbstbestimmung, bedeutet kein Recht auf Eigenprävention. Keine Eigenprävention bedeutet keine reproduktive Eigenverantwortung, bedeutet langfristige Zerstörung von Lebensgrundlagen, bedeutet Zerstörung von Zivilisation durch Massenmigration.

Jede menschliche Kausalität im System Erde beginnt mit dem unverhüteten Geschlechtsakt und endet mit der Vergrößerung von reproduziertem Elend.

Menschliche Existenz ist kein Elend. Aber die verantwortungslose Haltung mit der neue Existenz zumeist durch eine männliche Fremdbestimmung des weiblichen Organismus hervorgerufen wird, bringt neues Elend.

Daher ist der unreflektierte Geschlechtsakt, der zu bedingt unabsichtlicher oder ineffizienter Reproduktion führt, noch immer der Hauptgrund für die Höhe der menschliche Reproduktionsrate, für eine ungebremste Population und für globales Elend. Umso mehr, wenn der organisatorische, energetische und medizinische Mangel unorganisierter Gesellschaften durch organisierte Gesellschaften einerseits bestärkt, anderseits künstlich ausgeglichen wird.

▶ DAS ORGANISCHE KOLLEKTIV

Was für barbarische und bornierte Traditionen sind das eigentlich, die einem Mann das Bestimmungsrecht und über eine Frau gibt? Welche pathologischen Minderwertigkeitsgefühle und Ängste vor der Nacktheit des weiblichen Organismus treiben diesen Mann zum Kontrollzwang einer weiblichen Verhüllung und Vormundschaft? Und wie können diese Traditionen legitimieren, dass ein Mann mit einer Frau ein halbes Dutzend Kinder zeugt, von denen die Hälfte an chronischer Unterernährung leidet, während die andere Hälfte bereits im Kindesalter stirbt?
Die verständliche Sichtweise, die wir zu dieser Geisteshaltung einnehmen müssen, gleicht der Geisteshaltung eines Leibeigenen im Mittelalter, dem europäischen Bevölkerungsdurchschnitt im 14. Jahrhundert - abergläubisch, gezeichnet von körperlicher Arbeit und nahezu ohne Rechte. Dazu Hunger, Epidemien und Kriegen ausgeliefert.
 Aufklärung? Demokratie? Bei derartigen existentiellen Wirklichkeiten? Alternativen?
Der Ruf nach einem Zwang zur Beschränkung menschlicher Reproduktion wird lauter.
Was ist mit einem Tauschgeschäft? Mit einer Art von Entschädigung oder Familienrente für die Entscheidung zur frühzeitigen Sterilisation? Haben wir unter den ökologischen und ökonomischen Gegebenheit der Gegenwart noch eine andere Wahl?
Wie lange kann die zivilisierte Ethik vor den gegenwärtigen Zuständen innerhalb unorganisierten Gesellschaften, ohne Heuchelei und Beschämung noch die Augen verschließen? Und diese Zustände durch kontraproduktive Wirtschaftskonzepte und humanitäre Hilfe (mit redlicher Absicht und inhumanen Folgen) noch unterstützen und fördern, bevor sie von den inhumanen Auswirkungen ihrer Werke eingeholt wird?
Und wer oder was hat eigentlich bestimmt, dass das

unverhältnismäßige Vermögen Einzelner zwangsläufig auf globalem Elend gründen muss? Der Egoismus
der archaischen Instinkte oder das emotionale Unvermögen eines menschlichen Individuums, das aus
diesem Egoismus so reichhaltig schöpft? Muss das unverhältnismäßige Vermögen Einzelnen nicht begrenzt
werden und auf einer kontrollierten Anzahl menschlicher Organismen gründen, statt auf der zügellosen
Reproduktion, die nur das Fortwirken einer hem-
mungslosen Ausbeutung und ungezügelten Expansion
beweisen?

Das gegenwärtige Verfahren unserer Zivilisationen
gegenüber globalem Elend lässt sich vergleichen mit
einem Zahnarzt, der seinen Patienten zu Süßigkeiten,
statt zu regelmäßiger Zahnpflege rät.
Die naiven Ernährungs- und Hilfsprogramme unserer
Zivilisationen sind wie die ständige Anpassung uner-
wünschter Umstände an menschliches Fehlverhalten.
Sie behandeln Symptome.
Man zerstört Ökosysteme, erhöht die Nahrungsmittel-
produktion, die den Bedarf einer wachsenden Population decken soll. Aber die deplatzierte Ethik, die weiterhin eine ungebremste Reproduktion, Umweltzerstörung und Elend billigt, bleibt unangetastet.
Unsere Zivilisationen sind blind. Sie behandeln Symptome und verstärken hiermit zugleich die Ursachen
für menschliches Elend. Sie generieren menschliche
Überpopulation und füttern somit menschliches Elend.
Sie lassen gewähren, was keine vernünftigen Begriffe
von begrenzten Ressourcen und Traglasten hat. Und
sie füttern ein menschliches Individuum, das sich
selbst, seiner Spezies und sämtlichen Organismen auf
Dauer die existentiellen Grundbedingungen entzieht.

Wir haben noch immer keine Kontrolle über die
Auswirkungen unserer Instinkte und Emotionen, die
zur Reproduktion von Elend führen. Wir sind noch
immer emotionale Idioten, gießen fleißig Öl ins Feuer
und lassen das falsch propagierte Bild unserer Zivilisationen solange unverändert, bis keine maßvolle Prävention mehr greift und totalitäre Maßnahmen unerlässlich sind.

Unsere Unfähigkeit Elend ebenso präventiv zu behandeln wie Karies, liegt allein in unserem emotiona-

len Unvermögen, das wir als Individuen auf unsere Organisationen und Kollektive übertragen haben.

Emotionales Unvermögen ist die naiv-sentimentale Facette des menschlichen Organismus. Es ist das psychologische Pendant zu dessen grausam-brutaler Facette, entstanden durch falsch interpretierte Instinkte: die Erwartung, die misslingt, wird zum handfesten Drama. Aber die Hoffnung, die genommen wird, wird zur tödlichen Tragödie.

Dieses Pendant wechselt in jedem menschlichen Individuum mit dessen Grad der *Einbildung ins persönliche Konzept einer emotionalen Übereinstimmung*.

Je stärker der Angriff auf diese Einbildung, umso drastischer oder offensichtlicher tritt die grausam-brutale Facette des Individuums in den Vordergrund. Und sie tritt umso schneller, drastischer oder offensichtlicher in den Vordergrund, je intensiver sich diese Einbildung zuvor emotional manifestiert hat.

Auf diese Art erschafft das menschliche Individuum sein eigenes Elend - durch seine *Einbildung ins persönlichen Konzept einer emotionalen Übereinstimmung*, die es niemals gab. Und doch wird diese Einbildung unentwegt verbreitet, greift die ideologische Manipulation des Individuums immer und überall sobald persönliche Vorteile im Spiel sind, die jeden Gedanken von Konsequenz verdängen.

Wie der Irrglaube vom *persönlichen Glück* das Elend der Anderen vertieft, so erzeugt die Enttäuschung vom persönlichen Glück das eigene Elend.

DOMESTIZIERUNG

Eine kollektive Domestizierung des menschlichen Organismus ist unvermeidlich. Sie ist die einzige noch verblieben Option, um den Fortbestand menschlicher Zivilisation zu sichern. Aber sie kann nur gelingen, wenn unsere Zivilisationen erkennen, wie globales Elend, das der Vorstellung von individueller Identität entspringt, durch das emotionale Unvermögen dieser organisierten Individualität zusätzlich vertieft wird.

Konzerne, Staaten oder Gesellschaften sind organisiert durch Kollektive, die noch immer auf individuelle Identität bauen. Sie sind verwurzelt im Glauben an die individuelle Einmaligkeit eines menschlichen Organismus, der seine persönlichen Vorteile über Gemeinschaftsinteressen stellt. Daher halten sie beharrlich fest an einem emotionalen Unvermögen, das fortwährend die Spielregeln der organische Welt untergräbt.

Ich bin ein Mensch und heiße XY.
Ich lebe, bin ein einmaliges Individuum
und daher etwas Besonderes.

Bereits das menschliche Mantra organisierter Gesellschaften bezeugt ein unzureichendes Bewusstsein, das seine Rolle in der Natur nicht vollauf analysiert hat.

Ihr emotionales Unvermögen, das eine individuelle Einmaligkeit ihrer Individuen propagiert und mit einem Sonderstatus deklariert, verhindert dies.

Die Emotionen des Individuums weigern sich gegen jede Einsicht, dass es vor der Natur nicht mehr darstellt als jeder andere Organismus: eine funktionale Ansammlung von Biomasse, die durch temporäre Interaktion einen lebendigen Organismus erzeugt.

Ein einzelner Mensch und sein Name mögen daher ihren speziellen Beitrag für das Gesamte leisten oder nicht. Es macht ihn weder zu etwas Besonderem noch erhöht es die Wirksamkeit seiner Existenz. Er bleibt ein singulärer Organismus unter vielen Organismen, die durch ihre funktionale Biomasse allesamt in temporärer Interaktion mit der organischen Welt stehen.

Wir stellen klar: es geht hier nicht um einen Zweifel am Wert von menschlichem Leben. Es geht um einen Zweifel am selbstformulierten Wert menschlicher Einmaligkeit. Allein der Gedanke einer individuellen Einmaligkeit, der den menschlichen Organismus zur kollektiven Organisation seiner Komplexe geführt hat, benötigt Reformen, um das anarchistische Verhalten des Individuums in ökologisch verträgliche Bahnen zu leiten. Bereits die Absicht zur kollektiven Selbsterhaltung im Rahmen unserer Zivilisationen macht diesen Schritt unverzichtbar.

Dass unsere Zivilisationen noch immer nicht in der Lage sind globales Elend präventiv zu behandeln, statt ihren Kreislauf aus Überbevölkerung, Hunger und

Kriegen weiterhin zu fördern, beweist die egoistische Wirkungsmacht privilegierter Minderheiten, die sich als Vertreter kollektiver Interessen deklarieren, aber ihre kollektiven Einscheidungen ganz an einer individuellen Identität ausrichten, die stets ihre persönlichen Vorteile an erste Stelle rücken.

Die Gewichtung jeder menschlichen Entscheidung ist unverändert. Zuerst kommt die Interessengruppe, der ein jeweiliger Entscheidungsträger angehört. Erst danach die Gemeinschaft, auf der diese Interessengruppe tatsächlich baut. (Aber die Interessengruppe, hervorgegangen aus der Gemeinschaft, kann es ohne die Gemeinschaft nie geben. Ihre Exklusivität baut ausschließlich auf der Duldsamkeit der Gemeinschaft)

Überbevölkerung, das räumlich begrenzte Zusammenleben menschlicher Organismen bei ungleicher Verteilung begrenzter Ressourcen, ist und bleibt ebenso die Wurzel von menschlichem Elend wie die Ursache für den globalen Raubbau am planetarischen Organismus.

Eine erfolgreiche Behandlung von menschlichem Elend kann somit nur erfolgen durch eine mehr oder minder strikte und gezielte Geburtenprävention, die zwangsläufig diktiert wird von lokalen Umweltbedingungen und gesellschaftlicher Infrastruktur.

Das emotionale Unvermögen einer individuellen Identität, die den kollektiven Auswirkungen ihrer expansiven Handlungen nicht vorausschauen kann, braucht keine weitere Behandlung von Symptomen. Sie braucht keine effizienteren Methoden und keine humanitäre Kosmetik. Sie braucht eine rationale Lösung, die nur in einem veränderten Selbstbild liegen kann.

Wer einen Fluss begradigt und Staudämme errichtet, braucht sich nicht zu wundern, dass es zu regelmäßigen Überschwemmungen kommt. Wer dann aber noch Dämme und Polder errichtet, die lediglich das Symptom anpacken und die Überschwemmungen somit verschärfen, hat nicht erkannt, dass das Problem nicht beim Fluss liegt, sondern in einer menschlichen Bewusstseinsform, die sich gegen die unveränderlichen Gesetzmäßigkeiten organischer Kollektive stellt.

Die Logik im menschlichen Bewusstsein spricht Klartext, aber der unbewusste Einfluss einer emotionalen

Unfähigkeit zur *Akzeptanz des Unvermeidlichen* führt zu etwas anderem.

Es sind diese rationalen Mittel, gebaut auf eine absurde Verknüpfung von Emotionen und Instinkten, die zur irrationalen Handlung des menschlichen Organismus führen. Der manipulierte Konsument spricht sich frei von seiner Verantwortung fürs Kollektiv. Sein persönliches Umfeld erteilt ihm Ablass für sein Fehlverhalten. Also bestimmt der persönliche Vorteil sein Konsumverhalten. Der manipulierte Entscheidungsträger spricht sich frei von seiner Verantwortung fürs Kollektiv. Seine Interessengruppe erteilt ihm Ablass für seine Fehlentscheidung. Also bestimmt der persönliche Vorteil seine Entscheidung.

Auf diese Art wird das menschliche Individuum, das (durch Konsum oder Vermögen) eine exzessive Selbsterhaltung betreibt nicht nur zum Schädling jeder x-beliebigen menschlichen Gemeinschaft, der es angehört. Es wird vor allem zum Schädling seiner eigenen Grundlagen.

Die Stammespräferenz greift und beißt sich in den eigenen Hintern - durch kurzfristige Vorteile, die sich am Ende gegen die eigene und somit kollektive Selbsterhaltung richten.

Organische Kontradiktion, energetische Ineffizienz und Vergrößerung des globalen Elends - sie alle sind das Werk einer Geisteshaltung, die den Wert von Existenz (noch immer) über den Wert von Nichtexistenz stellt.

Hier liegen die Quelle und Verbindung von Instinkt, Emotion und Logik, sowie die menschliche Möglichkeit ihrer Angleichung und Lösung. Eine maßlose Reproduktion verhindern - hier setzen wir unsere Reformen an:

Existenz verhindern,
Nichtexistenz bestärken -
Hier beginnt Vernunft.

▶ DIE ANTINATALISTISCHE TÜR

Alles hängt an Energie.

Existenz und Nichtexistenz sind ein einziger energetischer Komplex. Sie können nicht voneinander getrennt werden. Und sie können deshalb nicht voneinander getrennt werden, da ihre umgekehrten Vorzeichen selbstevident sind. Sie greifen stets ineinander und ergänzen Ursache und Wirkung von Energie.

Erst die Nichtexistenz mit ihrer infiniten Fülle an potentiellen Möglichkeiten von Energie bietet durch die Evolution eine finite Verwirklichung von Existenz.

Existenz ist Energie, Energie ihre Voraussetzung. Sie stellt den Raum, der Ausdruck der autodynamischen Bewegung oder Transformation vom Existenz ist.

Daher benötigt Existenz Energie. Ob zur Entstehung, Selbsterhaltung, Veränderung oder Entwicklung.

Anders gesagt: es kann nur zum Tragen kommen, was energetisch getragen werden kann. Was nicht energetisch getragen werden kann bricht zusammen. Im Klartext: Existenz ist energetisch begrenzt.

Ein Substrat, ein Habitat oder Stoffspeicher besitzen einen bestimmten Sättigungsgrad oder eine begrenzte Kapazität. Sie können nicht mehr Energie produzieren und somit Existenz generieren als sie aufnehmen und transformieren können. Wird die Kapazität dieser Transformation von Existenz im begrenzten Raum überschritten, greift automatisch die Selbstregulation.

Ein anschauliches Beispiel:
Existenz und Nichtexistenz sind ein begrenzter Raum mit einer offenen Tür. Der Raum kann nur betreten werden durch die offene Tür der Energie. Sie ist der natürliche Eingang und Ausgang in den Raum. Da diese Tür immer offen steht, kann der Raum sich automatisch füllen und wieder entleeren. Wird der Raum aber künstlich überfüllt, verliert die Tür ihre natürliche Funktion. Obwohl die Tür weiterhin offen steht, kann niemand mehr in den Raum eintreten. Also muss diese Tür von nun an bewacht oder künstlich verschlossen werden.

Im menschliche Zusammenhänge übertragen: die gegenwärtige Leichtigkeit mit der dem menschlichen Organismus bei ungestörter Fertilität, medizinischer Vorsorge und Nahrungszufuhr die Tür zur Existenz offen steht, ist die Ursache für dessen stetig ansteigendes Elend, die fortschreitende Infertilität der Ökosysteme und folglich die Zerstörung der allgemeinen Existenzgrundlagen.

Alles was Machbar ist und Profitabel erscheint, wird nach menschlichem Denken auch umgesetzt. So auch Existenz. Sie ist nach menschlichem Denken immer (noch) problemlos machbar und profitabel. Daher unterlassen jene elitären Minderheiten, die von dieser Geisteshaltung tatsächlich profitieren, auch jede ethische Reform.

Die Folge dieser Geisteshaltung sind indes verheerend: alles, was Emotion über Vernunft stellt, drängt in den Raum. Und es leidet. Bis es durch seine Masse erstickt, verdurstet oder verhungert.

Je größer die individuellen Chancen, umso größer das kollektive Elend. Je größer die energetische Transformation in Existenz, umso nachhaltiger und zwangsläufiger die energetische Rückkopplung - aus übermäßiger Existenz in die Notwendigkeit einer natürlichen Selektion.

Die ethischen Grundsätze unserer Zivilisationen deklarieren den Gedanken der die Praxis einer gezielten Geburtenprävention anstrebt bisher als unmoralisch, unethisch oder menschenverachtend.

Wir fragen im Gegenzug:

Ist es etwa moralisch oder ethisch eine ungebremste Reproduktion menschlicher Organismen zu dulden, die verhungern? Ist es etwa menschenfreundlich globales Elend, natürliches Ungleichgewicht und energetische Ineffizienz zu vergrößern? Ist es etwa vernünftig eine Population zu züchten, die bei begrenzten Ressourcen und begrenztem Raum ins Unbegrenzte wächst?

Welche Auswirkungen sind wohl schlimmer?

Eine regulierte und rationale Geburtenprävention, die zum zweckmäßigen Überleben unserer Zivilisationen führt? Oder eine harte Selbstselektion, die aus dem emotionalem Unvermögen der Gegenwart resultiert?

Es dürfte schwerer sein Teile unsrer Spezies zu selektieren und die Werte unserer Zivilisationen zu verraten als menschliche Organismen durch Aufklärung einer notwenigen Prävention zum Verzicht auf persönliche Reproduktion zu bewegen.

Dass unsere Zivilisationen den Gedanken einer gezielter Geburtenprävention (noch) ablehnen, liegt allein am Gedanken von Existenz und ihren Chancen - als einem Resultat von Existenz.

Was aber nicht existiert, kann nicht denken und hat keine Vorstellung von Chancen. Es rechnet nicht in existentiellen Möglichkeiten.

Der menschliche Gedanke der Nichtexistenz, der nur durch Existenz entstehen kann, stellt eine gezielte Geburtenprävention daher mit einem Verbot von individuellen Chancen gleich, statt ihrem kollektiven Schutz.

Je mehr menschliche Organismen existieren, umso schwieriger und dringlicher werden nicht nur ihre Versorgung und das Problem ihrer energetischen Ineffizienz. Sie sind lediglich die direkten Auswirkungen zu vieler menschlicher Organismen in einem begrenzten System.

Das Problem ist die Folge dieser Auswirkungen: die Zerstörung der eigenen Grundlagen, die automatisch zur Selbstselektion führt.

Hoffnung und Leid sind Produkte der Existenz.

Was nicht weiss, dass es keine Chancen hat, kann weder hoffen noch leiden. Das Verbot von Chancen berührt somit nur Existenz, die Nichtexistenz bleibt davon ungerührt.

Nicht existieren und nicht mehr existieren, (Tod), sind daher zwei völlig verschiedene Dinge. Was nicht mehr existiert, muss zuerst durch den Kreislauf der Existenz. Es hofft und es leidet. Was aber nie existiert hat, muss nie durch den Kreislauf der Existenz. Es hofft nicht, es leidet nicht und muss folglich nicht mehr nicht existieren.

Nichtexistenz ist human. Existenz nie.

Es ist keine Lösung das Elend der Vielen, das aus ungestörter Existenz entsteht, ständig zu lindern, wenn dieses Elend durch die ansteigende Zahl der menschlichen Population weiter gefüttert und schließlich umfassend wird.

Der Mut zum existentiellen Kampf oder die biologische Pflicht zur Existenz betrifft immer nur, was bereits existiert. Diesen Mut oder diese Pflicht durch unkontrollierte Reproduktion weiterzureichen, wie durch vorausgehende Generationen geschehen, stößt durchs Ende energetischer Verfügbarkeit nun an die sichtbaren Grenzen menschlicher Existenz, ihrer Machbarkeit und Verantwortung, bzw. ihrer Verantwortungslosigkeit und Chancenlosigkeit.

Der Raum der menschlichen Existenz, der bereits künstlich gefüllt ist, kann nicht weiter angefüllt werden, ohne dass sein Inhalt kollabiert.

Wie auch immer, wir können beruhigt sein. Die natürliche Vernunft bedient sich immer extremer Mittel, um extreme Störungen ihrer Stoffkreisläufe zu ordnen und das energetische Gleichgewicht zwischen Existenz und Nichtexistenz zu regenerieren.

Falls der menschliche Organismus in den kommenden Jahrzehnten keinen Weg zur Regulierung seiner Population und energetischen Ineffizienz findet, der planetarische Organismus wird ihn finden.

Die offene Tür zur Existenz wird sich bei einer Weltbevölkerung von zehn Milliarden menschlicher Organismen automatisch schließen. Die Hindernisse zur Existenz werden wieder ansteigen.

Die Nichtexistenz am Ende infertiler Substrate greift zuverlässig in die menschliche Reproduktionskette und errichtet ihr Schränken für die Möglichkeiten von Evolution und Existenz.

Konkret: das Gift, das der menschliche Organismus durch verantwortungslose Nutzung latenter Energie in die Ökosysteme bringt, kommt zurück in seinen eigenen Organismus. Und umso effektiver, je potenter seine Technologie.

Dieses Gift erhöht nicht nur das allgemeine Risiko an körperlichen Erkrankungen - Krebs, Mikroplastik … es erschafft bakterielle Resistenzen, die einer zügellosen Expansion durch Produktion, Konsum und Reproduktion absehbare Schranken errichtet.

(Das Überschreiten einer Population von zehn Milliarden menschlicher Organismen im System Erde wird die natürliche Selbstregulation der organischen Welt, durch bakterielle Resistenzen und Klimawandel bereits jetzt nachweislich in Gang gesetzt, zu offener Wirksamkeit führen.)

Noch konkreter: wir öffnen die Büchse der Pandora nicht schlagartig, mit einem lauten Knall oder sichtbaren Effekt. Wir öffnen sie ganz langsam, lautlos und unsichtbar mittels multiresistenten Erregern, denen wir schon morgen hilflos ausgeliefert sind.

▶ Rechtfertigung der Existenz

Es ist falsch zu behaupten der menschliche Organismus sei existentiell bedeutungslos.
Wir öffnen dem Egoismus, Zynismus oder Fatalismus hier keine Türen. Ganz im Gegenteil.
Eine Existenz als Organismus kann nie bedeutungslos sein. Denn sie bedeutet immer eine energetische Komprimierung chemischer Verbindungen, die durch singulären Stoffwechsel in Interaktion mit der Umwelt stehen. Organismen sind durch ihren Stoffwechsel ebenso energetische Produkte ihrer Umwelt, wie sie die Energie ihrer Umwelt konsumieren, reproduzieren oder transformieren. Ihre Existenz hat also immer einen energetischen Einfluss auf die Gesamtheit an energetischen Umweltvorgängen. Mag dieser Einfluss jetzt der energetischen Bilanz der Ökosysteme zuträglich sein oder nicht, so spielt dies für ihre existentielle Bedeutung als Energieträger und Energiekonsument zunächst keine Rolle. Sie bleibt unveränderlich.
Die existentielle Bedeutung des menschlichen Organismus ist daher so unveränderlich wie die Bedeutung jedes anderen Organismus.
Max Mustermann ist ein Organismus.
Ein Organismus ist ein Energieträger
und Energiekonsument.
Also ist Max Mustermann ein Energieträger
und Energiekonsument.
Soweit die bloße Existenz.
Da der menschliche Organismus seinen Energiekonsum aber extrem ausgedehnt hat, ist seine existentielle Verantwortung ungleich höher als bei jedem anderen Organismus.
Max Mustermann hält nicht nur seinen Stoffwechsel aufrecht. Er betreibt einen erhöhten Energiekonsum, der in jedem Fall über seinen eigenen Stoffwechsel hinausgeht. Max Mustermann ist somit kein Organismus, dessen energetische Biomasse und energetischer Konsum ein **organisches Kongruent** bilden.
Ein Regenwurm bildet ein organisches Kongruent. Seine Existenz und Nicht-Existenz sind deckungsgleich. Er konsumiert nur die Energie, die er zur Erhaltung seiner Biomasse und seiner Reproduktion benötigt.

Wird durch sein Absterben seine Biomasse von der organischen Welt in die ursprünglichen Grundsubstanzen und chemischen Elemente transformiert, entspricht der energetische Aufwand dieser Zersetzung exakt der Energie, den die Biomasse des Regenwurm enthält. Die Energiebilanz zwischen Regenwurm und Umwelt ist somit ausgeglichen, der energetische Input gleich dem Output.

Anders gesagt: Max Mustermann ist der einzige Organismus, der einen höheren Energiekonsum aufweist als es seiner existentielle Bedeutung als Energieträger überhaupt zukommt. Folglich trägt Max Mustermann als einziger Organismus auch Verantwortung für die Energiebilanz seiner Umwelt.

Ob und in welcher Form das menschliche Individuum diese Verantwortung wahrnimmt oder wahrnehmen kann, hängt wiederum ab vom verfügbaren Angebot an **Identifikatoren**.

Womit wir es bei menschlicher Identität letztendlich zu tun haben, ist eine kausale Kette psychologischer Zwänge, die zur bereits erwähnten *Einbildung ins persönliche Konzept einer emotionalen Übereinstimmung* führt. Der Zwang zu Emotionen, die wiederum zu existentieller Bestätigung zwingen, zwingt das menschliche Individuum zugleich zur Identifikation.

Menschliche Emotionen sind also nichts anderes als jene psychologisch zwingenden Identifikatoren, die zum unbewussten *Wiederkennen mit den eigenen Instinkten* führen.

Der Unterschied zwischen individueller und kollektiver Identität liegt nun ganz in der geistigen Ausrichtung des Individuums.

Das Verhalten des Einzelnen, gemessen an seiner Produktion, seinem Konsum und seiner Reproduktion, zeigt deutlich, welche Identifikatoren seiner geistigen Ausrichtung jeweils zugrunde liegen und greifen.

Bei individueller Identität führt dieses ‚Wiedererkennen' in die persönliche Vorstellung. Der Instinkt ist ungeprüft, das Wiedererkennen somit eine selbstbezogene Einbildung. Bei kollektiver Identität führt dieses Wiederkennen durch die Einsicht in die existentiellen Grundbedingungen, die über eine selbstbezogene Einbildung hinausführen.

Der Instinkt ist geprüft, das Wiedererkennen fremdbezogen und vernunftorientiert.

Das menschliche Individuum ist ein Empfänger von Umweltreizen und steht offen für Resonanz.

Diese Resonanz sucht jederzeit nach unbewusster Wiedererkennung mit Bestehendem. Da die Emotionen des Individuums aber auf irrationalen und ungeprüften Instinkten beruhen, verlangt ihre Entstehung immer eine (möglichst logische) Begründung. Diese Begründung, die das Individuum sich selbst gibt, genügt allerdings nicht, um sein emotionales Potential erfolgreich zu kanalisieren. Das Individuum braucht eine externe Bestätigung seiner Emotionen. Andernfalls kann es sich nicht erfolgreich mit Bestehendem identifizieren und hat somit keine existenzielle Rechtfertigung.

Erst die externe Bestätigung von Emotionen *durch jene Identifikatoren* ergibt in ihrer Summe und komplexen Verknüpfung eine existentielle Rechtfertigung, die fürs Individuum zu Identifikation und Identität führen.

Jede Art von Ideologie, ob politisch oder religiös, transportiert also in Wahrheit keine emotionalen Botschaften, die dem Individuum Angebote machen. Sie transportieren ganz konkrete Angebote zur Bestätigung von Emotionen.

Das Individuum, das seine existentielle Rechtfertigung aus einer Vielzahl externer Bestätigungen gewonnen hat, besitzt eine bestimmte Form von **Identität**.

Wir können auch sagen, das Individuum hat sich identifiziert mit seinen Emotionen.

Die vordergründige Logik von Überzeugungen oder Ideologien ändert nichts an den emotionalen Ursachen, wodurch das Individuum diese Überzeugungen oder Ideologien vertritt.

Das Problem mit menschlicher Identität besteht daher nicht in ihren individuellen Grundlagen. Es sind nicht die Veränderbarkeit und Vielschichtigkeit von Emotionen, die den kollektiven Zwang zur Identität bestimmen. Es ist das Fehlen eines gemeinsamen Nenners, der am Ende individueller Entwicklungsprozesse steht und seiner organischen Bestimmung folgt.

Das Individuum mag sich zu bestimmten Werten oder Ideologien von Gemeinschaften bekennen. Es mag seine Loyalität gegenüber Staaten, Gruppen, Organisationen, gesellschaftlichen Regeln und Gesetzen ausdrücken. Nichtsdestotrotz bleibt es auch innerhalb sämtlicher Kollektive weiterhin ein Individuum mit eigener Identität. Selbst wenn diese Identität exakt den Vorgaben einer bestimmten Ideologie entspricht.

Der Grund dafür liegt in der existentiellen Rechtfertigung, die aus der Identifikation mit ideologischen Angeboten resultiert.

Existentielle Rechtfertigung ist emotionale Bestätigung. Aber emotionale Bestätigung ist individuell.

Wie soll der Einzelne hier also zu kollektiver Identität finden?

Das Individuum holt seine existentielle Rechtfertigung immer aus Ideologien, die nicht vom kleinstmöglichen kollektiven Nenner ausgehen, sondern komplexe Weltanschauungen vermitteln, die nie von jedem geteilt werden können.

Aber der kleinstmögliche kollektive Nenner kann nie die emotionale Bestätigung sämtlicher Individuen befriedigen. Daher kann keine Ideologie sämtliche Menschen überzeugen.

Das Ergebnis dieser emotionalen Übereinstimmung durch die existentielle Rechtfertigung der eigenen Person ist immer das gleiche: eine **individuelle Identität**, die nie bis zur emotionalen Einsicht in die kollektiven Grundlagen sämtlicher Organismen gelangt.

Denn die emotionale Einsicht, das Ende der *Einbildung ins persönliche Konzept von emotionaler Übereinstimmung*, wird durch die externe Bestätigung von Emotionen, die als existentielle Rechtfertigung dienen, beständig verdrängt.

In einer Bewusstseinsform zu leben, die sich trotz sämtlicher Möglichkeiten an Gestaltung als irrelevant erweist, erscheint dem Individuum unerträglich. Umso leichter und angenehmer erscheint ihm die Illusion einer unbegrenzte Fülle. Statt Verantwortung für die Auswirkungen seiner Handlungen zu tragen, verdrängt das Individuum folglich das Wissen seiner individuellen Bedeutungslosigkeit. Da es aber zugleich dem Zwang emotionaler Bestätigung und somit existentieller Rechtfertigung unterliegt, flieht es in seine Vorstellungen als separate Einheit, die ihm seine Einmaligkeit wiederum beweisen.

Wir stellen klar: eine charakterliche Diversität des menschlichen Organismus durch spezifische Eigenarten und emotionale Erlebnisse ist unvermeidlich und sogar unerlässlich.

Man kann Kinder nicht erfolgreich erziehen, wenn man ihnen keinen Freiraum, keine Experimente, keine eigenen Fehler oder kein Versagen zugesteht.

Eine Entwicklung von individueller zu kollektiver Identität kann somit nur durchs Scheitern von individuellem Fehlverhalten erfolgen.

Dieses Fehlverhalten stellen kein Hindernis dar, um den größtmöglichen kollektiven Nenner unserer Spezies zu erkennen, ihre Bewusstseinsform Stück für Stück zu ändern und sie diesem kollektiven Nenner anzugleichen.

Das Ende individueller Identität ist zeitlich absehbar. Unsere energetische Ineffizienz durch Produktion, Konsum und Reproduktion, die unserem Stoffwechsel allmählich bedrohlich wird, zwingt uns zur Abkehr von unserem emotionalen Unvermögen und der Revision unsrer unbewussten Instinkte.

Daher sagen wir nicht der menschliche Organismus sei existentiell bedeutungslos. Wir sagen stattdessen, eine individuelle Identität als menschlicher Organismus ist bedeutungslos. Seine Bedeutungslosigkeit als Individuum ist begründet in einer Bewusstseinsform, die sich als separate Einheit begreift, statt als energetische Schaltstelle der Umwelt.

Es spielt keine Rolle welche individuelle Definition der menschliche Organismus sich selbst gibt oder durch Dritte erhält. Er bleibt trotzt seiner gegenwärtig milliardenfachen Vervielfältigung ein temporärer Organismus, der in energetischer Interaktion mit der Umwelt steht.

Also: das Individuum Max Mustermann ist tatsächlich existentiell bedeutungslos. Aber die Energie, die Max Mustermann als Organismus verkörpert, produziert, konsumiert oder reproduziert ist existentiell absolut bedeutsam. Der vorhersehbare Weg, der das menschliche Individuum durch energetische Beschränkung zu **organischer Identität** führt, ist emotional schmerzhaft, aber unvermeidlich.

Selbsterhaltung kann nur bestehen durch Annäherung an Vernunft. Aber nie durch ein emotionales Unvermögen, das stets zu exzessiver Selbsterhaltung führt.

Der Selbsterhaltungstrieb, dem jeder Organismus folgt, enthält bereits die existentielle Rechtfertigung, die allein in der menschlichen Bewusstseinsform nach emotionaler Bestätigung verlangt.

Was ist also zu tun?

Wir entziehen dem menschlichen Individuum die Mittel seiner energetischen Ineffizienz. Wir entziehen ihm diese Mittel nicht aus Schikane, Gemeinheit oder zu persönlichem Machtmissbrauch. Wir entziehen ihm die Mittel seiner energetischen Ineffizienz, da seine Selbstbestimmung mehrheitlich keine Eigenverantwortung kennt und die kollektive Selbsterhaltung zerstört.

Wir entziehen dem Individuum die Mittel nicht abrupt, sondern nach und nach. Wir entziehen ihm den Boden seiner energetischen Ineffizienz, indem wir seine Emotionen aktiv bestätigen. Und wir bestätigen seine Emotionen durch das denkbar stärkte persönliche Motiv, das zugleich den größtmöglichen kollektiven Nenner unserer Spezies bildet: den Glauben in den Wert einer Selbsterhaltung, die sich nicht nach individuellen Vorstellungen, sondern kollektiven Grundbedingungen richtet.

DAS ENDE DER EINMALIGKEIT UND DER EINMALIGE NEUBEGINN

▶ ENTKOPPELT ... VERLINKT!

Es ist richtig dass Unwissenheit nicht vor Strafe schützt. Vielleicht schützt sie durch gewisse Paragraphen in bestimmten Gesetzbüchern. Aber sie schützt nicht vor den Naturgesetzen.

Die Natur gewährt keine mildernden Umstände für die Nicht-Beachtung von Ursache und Wirkung. Ob nun vorsätzlich verschuldet, aus Unwissen herbeigeführt oder arglos in Gang gesetzt.

Wer aus Unwissenheit ertrinkt, weil er nicht schwimmen kann, ertrinkt ebenso wie jemand, dem beim Schwimmen durch Selbstüberschätzung die Kräfte versagen. Die Verschiedenheit der Ursache, bei Rechtsbegriffen menschlicher Justiz stets unerlässlich, in der Umwelt aber bedeutungslos, verhindert hier nicht die identische Auswirkung einer bestimmten Handlung. *Der Schwimmer ist tot.*

Der menschliche Organismus kann mit seinem eigenen Fehlverhalten, entstanden aus Ignoranz, zum gegenwärtigen Zeitpunkt (noch) Nachsicht üben. Sein Fehlverhalten geht den Entscheidungsträgern seiner Spezies (noch) nicht mit unmittelbarer Konsequenz an die eigene Gurgel. Seine Nachsicht für die Ignoranz und das Fehlverhalten seiner elitären Entscheidungsträger und menschlichen Mehrheit bestraft die eigene Person (noch) nicht in einer Härte, die ihre Selbsterhaltung schwerwiegend gefährdet. Die Natur kann dies nicht.

Die Natur kann nicht ungestraft oder als minderschweres Vergehen durchgehen lassen, was gegen ihre Bedingungen und Abläufe verstößt.

Daher straft sie grundsätzlich, was die Regeln der natürlichen Vernunft verletzt. Ob nun auf kurze oder lange Sicht. Ob durch menschlich erkennbare oder unkenntliche Zusammenhänge.

Ein Verstoß gegen ökologische Bedingungen hat stets

ökologische Konsequenzen zur Folge.

Unsere Gegenwart zeigt immer deutlicher, was uns erwartet und was wir durch unseren Individualismus umso deutlicher verdrängen.

Die menschliche Mehrheit im System Erde handelt weder selbstverantwortlich, noch ist sie in der Lage mit ihren persönlichen Freiheiten verantwortungsbewusst umzugehen. Sie ist lediglich das Produkt eines globalen Kapitalsystems, in dem elitäre Minderheiten das kollektive Fehlverhalten gegen die existentiellen Grundbedingungen vorsätzlich in Kauf nehmen.

Die Verantwortungslosigkeit der menschlichen Mehrheit deckt sich passgenau mit der Verantwortungslosigkeit der elitären Minderheiten.

Umso härter wird die natürliche Vernunft über die organisierten Strukturen der Spezies hinweggehen.

Die Natur hebt langsam, aber spürbar die Hürde für Existenz, Produktion und Reproduktion.

Trinkwasser wird immer knapper und kostbarer.

Welche Rechtfertigung hilft dem Hilflosen, der verdrängt, dass er sich aus Raffgier oder Unwissen das eigene Wasser vergiftet hat?

Der menschliche Organismus hat sich nicht vorsätzlich vom Naturkreislauf separiert und seine organische Integration bewusst vergessen.

Seine Separation durch technologische Umwandlung und Konsum latenter Energie war ein rasanter Prozess, in dem das menschliche Bewusstsein von den Ergebnissen seiner eigenen (Un)Fähigkeiten selbst überrascht wurde. Und es wird durch seine Ignoranz noch immer und immer wieder von ihnen überrascht.

Was trotz aller (unverschuldeten) Umstände und Überraschungen beim menschlichen Organismus allerdings auffällt, ist die stets unzureichende Reflexion für Zusammenhänge.

Die (ungewollten) Auswirkungen menschlicher Handlungen entspringen einem Aktionismus, in dem die egoistische Betrachtung von gegenwärtigen Möglichkeiten sowie die Absicht der Vorteilsnahme stets an erster Stelle stehen. Die gegenwärtige Möglichkeit der individuellem Vorteilsnahme ist bereits der zwingende Anlass zur Umsetzung und Nutzung.

Der menschliche Organismus erklärt seine Wahrnehmung existentieller Wirklichkeiten zu jedem Zeitpunkt als absolut. Diese Absolutheit bedarf überhaupt keiner umfassenden Reflexion. *Wir wissen, was wir tun und haben alles unter Kontrolle.* Aber die völlige Fehleinschätzung dieser Absolutheit, wie die Auswirkungen menschlicher Handlungen zumeist beweisen, wird ignoriert. Die menschliche Vorteilsnahme, die nie ein kollektiver Vorteil, sondern immer nur ein kollektiver Nachteil war, bleibt unverändert bestehen.

Also kämpft der menschliche Organismus seit seiner Entstehung gegen die Tatsachen der natürlichen Unveränderbarkeit. Tatsächlich kämpft er daher nicht für eine Optimierung seiner Lebensqualitäten. Auch wenn er dies behauptet und glaubt. Tatsächlich kämpft er seit seiner Entstehung gegen seinen Stoffwechsel und somit gegen sich selbst.

Jede Stufe der menschlichen Revolution hat den menschlichen Kampf gegen den eigenen Stoffwechsel nur verschärft, statt erleichtert. Warum?

Die kognitive Revolution, die landwirtschaftliche Revolution, die industriell-energetische Revolution, die digitale Revolution - sie verbessern die organisierten Strukturen und geben dem exzessiven Selbsterhaltungstrieb, der im menschlichen Individuum sitzt immer mehr Auftrieb. Aber sie integrieren dieses Individuum nicht in ihre kollektiven Strukturen.

Der energetische Kampf, den das Individuum gegen sich selbst führt, bleibt unverändert bestehen.

Der Output eines Vorgangs ist immer das Ergebnis des Input, wie umgekehrt. Dies gilt sowohl fundamental wie universell. Nur nicht beim menschlichen Organismus. Seine Wahrnehmung ist immer begrenzt aufs erwünschte Ergebnis des Output. Das unerwünschte Nebenprodukt dieses Output wird ignoriert.

Da fürs Individuum vor allem zählt, was ihm hier und jetzt nützt, zeigt das erwünschte Ergebnis des Outputs entsprechend häufig eine ausgeprägte Kurzsichtigkeit und erstaunliche Lernresistenz.

Folglich sind die negativen Auswirkungen der eigenen Handlungen fürs Individuum auch kein Grund den Modus seiner Wahrnehmung grundsätzlich zu hinterfragen. Stattdessen werden die tatsächlichen

Ursachen dieser negativen Auswirkungen, das persönliche Fehlverhalten, maximal verdrängt.

Schuld an den negativen Auswirkungen menschlicher Handlungen sind Material, fehlende Technologie oder individuelles Versagen. Aber es nicht der Modus einer Wahrnehmung, programmiert auf einen profitablen Aktionismus, der nicht erkennt, was er nicht erkennen will: Symptom, statt Ursache.

Symptome haben gleich mehrere Vorzüge. Sie zeigen ein offensichtliches Problem. Sie lassen sich gezielt bekämpfen. Und sie lassen die eigene Möglichkeiten immer unangetastet. Verschwindet jetzt das Offensichtliche bei einem Problem, so gibt es nach menschlicher Wahrnehmung auch kein Problem mehr.

Ein Brand kann wieder und wieder gelöscht werden. Aber wer zeigt eigentlich den Kindern, wie man Streichhölzer sachgemäß und vernünftig einsetzt? Niemand. Bis ein Brand entsteht, der nicht mehr gelöscht werden kann.

Also bekämpft der menschliche Organismus weiterhin die entstanden Symptome seiner negativen Handlungen, statt deren tatsächliche Ursachen.

Das Problem der Machbarkeit liegt schließlich in den Hindernissen der Umwelt, aber nicht in der Anmaßung einer menschlichen Vorstellung, die schlicht ignoriert, was sie nicht akzeptiert.

Wir sehen hier wie die offensichtliche Verdrängung negativer Auswirkungen ganz alltägliche Praxis ist. Seien es extreme Unfälle wie Deepwater Horizon, Fukushima oder der gängige Unfallverursacher, der sich baldmöglichst einen neuen Wagen kauft. Diesmal natürlich einen Wagen, der leistungsfähiger und sicherer ist. Schließlich, die Technik hält, was sie verspricht: eine sichere Freiheit.

Was ist das anderes als emotionales Unvermögen, gestützt durch Logik? Was ist das anderes als eine geistige Dualität durch fehlende Akzeptanz für die organische Kontradiktion? Was ist das anderes als eine individuelle Identität, die nicht verstehen will, das sich jede persönliche Vorteilsnahme am Ende sämtlicher Kausalität stets gegen den eigenen Stoffwechsel richtet?

▶ DER FREIE WILLE

Selbstbestimmung ist ein wertvolles Gut.
Jedes menschliche Individuum hat nach zivilisierten Maßstäben die (theoretische) Entscheidungsfreiheit zur Gestaltung seiner Existenz. Aber diese Entscheidungsfreiheit, wie unsere zivilisierten Gesetze sie bisher formulieren, endet nicht erst dort, wo die Entscheidungsfreiheit eines anderen menschlichen Individuums beginnt. Sie endet viel früher.
Die menschliche Entscheidungsfreiheit findet ihr Ende nicht erst im Eingriff auf die Persönlichkeitsrechte anderer Menschen. Sie endet bereits an der existentiellen Basis des menschlichen Organismus. Sie endet sowie der menschliche Organismus in Interaktion mit der Umwelt tritt. Die Geburt ist das Ende der Freiheit.
Im ersten Atemzug oder kollektiven Diktat existentieller Grundbedingungen liegen auch der Anfang und das Ende menschlicher Selbstbestimmung, die offensichtlichen Grenzen von Existenz und ihrer Gestaltung.
   Der Raum lässt sich nicht gestalten durch vermeintliche Expansion menschlicher Existenz.
Der menschliche Organismus kann sich in diesem Raum nur (er)halten, wenn seine Gestaltung ihre physische Abhängigkeit von der Umwelt beachtet.
Daher ist es auch ein verhängnisvoller Fehler zu glauben, es sei, wie Schillers Wallenstein behauptet: *‚Der Geist, der sich den Körper baut‘.*[18]
   Der Geist ist gebunden an seinen Körper. Er muss auf den Boden, dort Widerwillen und Schmerz erdulden, die Anmaßung oder Einfalt seines eigenen Willens brechen, bevor er durch seinen Körper die offensichtliche Grenze seiner Selbstbestimmung erkennt.
Erst hier entsteht die Freiheit des menschlichen Individuums: das Ertragen der Existenz mit gebrochenem Willen und einem Geist, der sich klaglos den existentiellen Wirklichkeiten beugt.
Der Schmutz der Erde ist für den menschlichen Organismus der unveränderliche Boden jeder existentiellen Wirklichkeit.
Wir stammen ab vom Schmutz, über den wir achtlos hinweggehen, ganz gleich mit welcher Identität.

Unser gesamter Stoffwechsel fußt auf dem Schmutz. Der Schmutz trägt uns, ganz gleich woher wir kommen oder wohin wir gehen. Eine menschliche Vorstellung, Absicht oder Handlung, die sich nicht misst am Schmutz, auf der sie notwendigerweise steht, kann auch in keiner existentiellen Wirklichkeit bestehen.

Wie jede Existenz nur erträglich und getragen werden kann durch eine Akzeptanz gegenüber diesem Schmutz, so führt alleine die konstante Achtsamkeit vor diesem Schmutz zur realistischen Einordnung von menschlichem Willen und menschlicher Existenz.

Es ist eine bittere Ironie mit anzusehen, wie sich der menschliche Geist in seinen maßlosen Ansprüchen unentwegt vor die unveränderlichen Grundbedingungen des menschlichen Körpers setzt. Und es ist eine noch größeres Unglück zu beobachten, wie rücksichtslos der menschliche Geist eine Umwelt zugunsten eines Körpers verändert, der an diesen Veränderungen zugrunde geht.

Der menschliche Geist kann seinen Vorstellungen nicht gerecht werden, solange seine Vorstellungen die Basis der Existenz ignorieren und verändern wollen, was unveränderlich ist.

Ein Hausbau wird nicht vom Dach geplant, sondern vom Fundament. Seine finale Form und sein Aussehen ergeben sich aus der Lage, der räumlichen Anordnung, den formalen Vorgaben und baulichen Widerständen. Nicht umgekehrt. Ein Hausdach kann somit nur den Vorstellungen entsprechen, wenn diese Vorstellungen übereinstimmen mit sämtlichen Bedingungen, die einem Hausbau vorausgehen, ihn begleiten und möglicherweise verändern.

Eine mögliche Veränderung bedeutet hier die Wirksamkeit von Zufall, die uns in jeder existenziellen Wirklichkeit ständig begegnet.

Die Situationen jeder Gegenwart sind dynamisch, nie statisch. (Die körperliche Bewegung durch den Raum ist unvermeidlich.) Somit schafft Gegenwart stets Zufall oder das ungeplante und überraschende Zusammenwirken existenzieller Wirklichkeiten.

Der menschliche Geist kann seine Vorstellung daher nie detailliert in irgendeine existenzielle Wirklichkeit übertragen.

Was im Kopf perfekt gestaltet ist, kann in seiner Perfektion nie existenzielle Form annehmen. Das Haus wird immer etwas anders als gewollt. Und erst die Akzeptanz des Zufalls, die sich wiederfindet in der notwendigen Bewegung des Körpers, der bereits zur räumlichen Veränderung führt, korrigiert die Vorstellungen eines Geistes, der verändern will, was unveränderlich bleibt.

Eine menschliche Vorstellung kann stur, der Wille zu ihrer Umsetzung unbeugsam, ihr Plan noch so perfekt durchdacht sein - sie wird immer in die unveränderliche Form existenzieller Wirklichkeiten gezwungen und prallt dort gegen den Stoff, der ihre Grenzen bestimmt: den Körper.

Die menschliche Freiheit endet. Sie endet nicht laut oder mit einem deutlichen Zeichen. Sie endet leise, schrittweise und unauffällig. Aus Selbsterhaltungszwang. Der Schmutz, die chemisch-biologischen Verbindungen, aus denen wir hervorgehen, die uns umgeben und zu denen wir zurückkehren, holen uns ein. So einfach.

▶ ABSCHAFFUNG DER SEPARATION

Willensfreiheit als ständige Wahl zwischen zwei Möglichkeiten braucht zur vernünftigen Entscheidung immer die Einsicht in die existentiellen Grundbedingungen des Körpers. Sie muss im Einklang stehen mit der Basis der Existenz und sich ihrer Interaktion mit der Umwelt bewusst sein.

Eine Willensfreiheit, die nicht durch Widerwillen und Duldsamkeit geprüft wird und sich *aus freien Stücken* am Körper bricht, kann ihre Entscheidung nicht verantworten und besitzt daher nicht die Fähigkeit zur Selbstbestimmung.

Der Traum von einem freien Willen, der sich als unabhängige Einheit begreift und somit die Konsequenzen seiner Entscheidung nur auf sich selbst bezieht, ist mit der biologischen Entstehung und ihrem Eingriff in die Stoffkreisläufe ausgeträumt.

Die Umwelt rechnet nicht in Individuen, nur in organischen Mustern oder Schwärmen. Sie fordert für eine
unverhältnismäßige Selbstbestimmung, die beim menschlichen Organismus auf individuellem Fehlverhalten gründet, keine Rechenschaft von Individuen. Sie
fordert diese Rechenschaft stets von einem menschlichen Kollektiv, das individuelles Fehlverhalten, gelebt
durch die manipulierte Vorstellung einer pseudo-
Selbstbestimmung, dauerhaft und in maßloser Form
zulässt.

Eine Existenz als Organismus erfordert zur temporären Gesamtfunktion immer das maximale Zusammenwirken funktionaler Teile.
Anders gesagt: um als Organismus zu existieren, bedarf es erst der Kooperation des Organismus mit der
Umwelt, die nur durch dessen temporäre Gesamtfunktion zu organischer Einheit führt.
Somit beendet der Zwang zur Kooperation mit einer
Umwelt, die sowohl biologischer Lieferant organischer
Existenz wie ihr Empfänger ist, die Selbstbestimmung
jedes Organismus.
Der Mensch muss atmen, ob er will oder nicht. Er
hängt ab vom konstanten Sauerstoffgehalt der Erdat-
mosphäre, der Aufnahme von verschiedenen Nährstoffen, von Sonnenlicht und Wasser.

Individuelles Fehlverhalten, das sowohl zu kollektiven Schäden organischer Grundbedingungen wie biologischer Prozesse führt, kann daher nicht toleriert
werden. Selbst wenn dieses Fehlverhalten durch Konzerne gefördert, durch spirituelle Systeme abge-
schwächt oder durch menschliche Gesetzgebung legi-
timiert wird.

Der graduelle Zwang zu individuellem Fehlverhalten,
der in einem übermäßigen Energiekonsum liegt, den
unsere Zivilisationen uns gegenwärtig noch diktieren,
wird sich ändern.
Unser heutiges Verständnis einer zumindest räumlich
schrankenlosen Selbstbestimmung, die in ihrer umre-
gulierten Expansion unsere Existenz massiv gefährdet, kommt auf absehbare Zeit zu einem Ende.
Die Unentbehrlichkeit unseres Körpers, der die Grenze
unseres Wollens festlegt, hat unsere geistigen Vorstellungen und Überzeugungen schon immer in die Knie

gezwungen. Die menschliche Selbstbestimmung beginnt und endet mit dem ersten Atemzug. Sie kann nicht hinaus über den kollektiven Rahmen, den ihr die organische Funktionalität zugewiesen hat.

▶ NATUR, MENSCH UND MASCHINE

Der Kampf des menschlichen Organismus gegen die Natur war und ist immer aussichtslos. Der menschliche Stoffwechsel kann nur bestehen, wenn er seine äußeren Bedingungen beachtet.

Was immer der menschliche Organismus auch unternimmt, um seine *vermeintliche Autonomie* von der organischen Welt zu vergrößern, es ist und bliebt nur der verzweifelte Versuch eine Natur zu überlisten, die nicht überlistet werden kann.

Der Mensch ist seinen existentiellen Grundbedingungen ausgeliefert. Und all seine Anpassung, seine Logik und technologischen Erfindungen wie Werkzeuge, Maschinen oder Computer halten nicht Stand gegen die organische Konstante, die ihn konstruiert, temporär installiert und recycelt.

Die Erfindung von Werkzeugen, Maschinen, Computern und deren Optimierung - mechanisch, automatisch, digital - hat den Gedanken menschlicher Selbstbestimmung und Kontrolle über die Natur verstärkt. Sie hat die Vorstellung menschlicher Autonomie verstärkt bis zur Hörigkeit gegenüber Technik.

Wie unrealistisch diese Vorstellung aber tatsächlich ist, beweist die menschliche Abhängigkeit von den Ökosystemen ganz von selbst.

Die Maschine (Technik) kennt nur eine Richtung:

Logik.

Sie führt aus, was ihre Vorgaben bestimmen, ohne Rücksichtnahme für abstrakte Zusammenhänge, die sich einer bestimmten logischen Operation entziehen.

Menschliche Technik agiert nicht als umfassende Einheit, wie die Natur, sondern stets im Rahmen einer ganz spezifischen Problemlösung. Daher folgt sie immer nur einem einzigen Programm: einer gezielten Optimierung bestimmter Zustände, statt der Stabilität umfassender Vorgänge.

Ihre Blindheit für die Nebeneffekte und negativen Auswirkungen ihrer ausgeführten Programme entspricht der Blindheit ihrer menschlichen Erfinder und Nutzer, die gezielt einen einzelnen Mechanismus menschlicher Vorteile verbessern und zugleich ignorieren, wie sie hiermit einen anderen ökologischen Mechanismus zum eigenen Nachteil ins Ungleichgewicht bringen.

Die Mechanismen der Natur agieren als Einheit. Sie kennen keine organische Kontradiktion zwischen Instinkt, Logik und Emotion. Und sie kennen auch nicht die spezifische Logik der Maschine.

Die Natur agiert nicht nach Vorgaben einer spezifischen Problemlösung, die irgendwelche Mechanismen verbessert, während sie hiermit andere verschlechtert.

Die Natur folgt lediglich der gesamtheimlichen Funktionalität ihrer Kreisläufe, die immer nach der Stabilität der Gesamtfunktion strebt:

Weniger ist mehr. Und mehr ist nicht nötig.

Die evolutionären Variablen des planetarischen Organismus sturen und regulieren sich nach gegenseitigem Bedarf und funktionaler Kausalität. Sie tun dies ohne jeden menschlichen oder technologischen Zugriff. Vor allem regulieren sich diese Variablen unter umfassender Bezugnahme sämtlicher Teile.

Allein die organische Konstante besitzt durch die ausgebildete Breite ihrer evolutionären Variablen (chemische Verbindungen) eine infinite Anzahl von Kombinationsmöglichkeiten.

Das genetische Material irgendeines Organismus bedeutet für die Stoffkreisläufe weniger als der Tropfen auf den heißen Stein. Seine Selektion lässt sich mühelos kompensieren.

Die menschliche Logik kann durch ihre organisatorischen Eingriffe in die Ökosysteme die evolutionäre Autodynamik temporär verzögern oder beschleunigen. Aber sie kann sie nicht aufhalten. Die Natur regelt von selbst und auf ihre Art, was menschliche Logik, zumeist verbunden mit Unvernunft, bewirkt. Der menschliche Organismus kann die organische Substanz, aus der er hervorgegangen ist und besteht nicht überwinden, weder technologisch noch mental.

Was immer der menschliche Geist erfindet, es trägt den Stempel einer Logik, die nicht umfassend begreift, was durch Logik nicht begriffen werden kann. Er muss und kann seine Selbsterhaltung daher nur vor alles übrige stellen - was immer er auch hofft oder glaubt. Aber dort steht die Biologie, hat durch die organische Substanz die Regeln menschlicher Selbsterhaltung bereits definiert.

Wie soll ein Produkt der Umwelt also seine eigenen Bedingungen verändern, indem es versucht seine Umwelt zu ändern?

Die Ausbeutung und Umgestaltung der Natur durch den menschlichen Organismus führt nicht zur menschlichen Herrschaft über die Natur. Sie führt durch den menschlichen Kampf für eine ständige Optimierung seiner existentiellen Grundlagen zum allmählichen Entzug dieser Grundlagen und folglich zur menschlichen Selektion.

Jede menschliche Wahrnehmung, die sich nicht an existentiellen Grundbedingungen misst, ist somit subjektiv. Folglich ist jede Verhaltensweise des menschlichen Organismus, die sich der Bewertung seiner subjektiven Wahrnehmung anschließt, Ausdruck einer individuellen Identität, die sich über die objektiven Grenze ihrer existentiellen Grundbedingungen erweitern möchte.

Nur weil eine Mehrheit menschlicher Akteure an die kulturellen Mythen ihrer Zivilisationen glauben, werden diese Mythen deshalb kein realer und unveränderlicher Bestandteil sämtlicher existentiellen Wirklichkeiten. Sie bleiben Mythen, und ihre Zweckmäßigkeit stößt gegen die Beschränkung des Stoffwechsels.

Die Biologie ist real. Und ihre objektive Grenze ist kein kultureller Mythos, der ständigen Veränderungen unterliegt. Sie gilt.

Die Fähigkeiten des menschlichen Bewusstseins, das sowohl emotionale, instinktive wie rationale Komponenten verarbeitet, bieten dem menschlichen Organismus eine infinite Anzahl an subjektiven Wahrnehmungen.

Das menschliche Individuum kann die emotionalen, instinktiven und rationalen Komponenten seines Geistes zwar theoretisch beliebig kombinieren, aber es kann sie in der Praxis existentieller Wirklichkeiten nicht zur Anwendung bringen.

Allein die Umwelt zwingt die Wahrnehmung des menschlichen Organismus bereits in eine duale Struktur, die den freien Komponenten emotionaler und rationaler Erfahrung kognitive Regeln und Grenzen vorgibt.

Die Wahrnehmung des menschlichen Organismus erfährt hier eine Trennung. Einerseits in eine Selbstwahrnehmung, deren Reflexion einer subjektiven Interpretation unterliegt. Andererseits in eine Fremdwahrnehmung, deren Reflexion durch Abgrenzung zur eigenen Person nur eine begrenzte oder subjektive Interpretation zulässt, die allein im Wissen emotionaler Motive ihr Maximum erhält.

Im Klartext: das menschliche Individuum kann und muss zuerst zur eigenen Identität finden, bevor es die Grenze zwischen sich selbst und anderen erkennt. Es kann andere Verhaltensweisen erst interpretieren, sobald er gelernt hat sich selbst zu interpretieren.

Aber es kann andere Verhaltensweisen nicht objektiv interpretieren, solange seine Selbstwahrnehmung auf dem emotionalen Unvermögen einer subjektiven Interpretation beruht, die das Individuum (sprich, die eigene Person) als Maßstab für die Umwelt nimmt.

Die Bewusstseinsform der individuellen Identität steht synonym für ein emotionales Unvermögen, das den Einzelnen durch eine subjektive Fehlinterpretation der eigenen Person von einem korrekten Verhalten gegenüber der Umwelt abhält. Das große Übel, das hieraus folgt, führt auf absehbare Zeit entweder zum totalen Verlust Individueller Freiheit oder zu menschlicher Selbstselektion. Das falsche Selbstverständnis der menschlichen Autonomie gegenüber den Ökosystemen hat den menschlichen Organismus nicht nur vom natürlichen Kreislauf entfremdet. Es führt nicht nur zu einem menschlichem Fehlverhalten, das seine eigenen Substrate zerstört. Es verhindert auch hartnäckig seine Reintegration in die Ökosysteme.

Wahrhaftigkeit ist die theoretische Basis zu praktizierter Vernunft. Keine Verantwortung, kein Vertrauen und keine Übereinkunft ohne Wahrhaftigkeit.
Daher kann Wahrhaftigkeit in Streitfragen weder Zynismus noch Neid sein. Selbst wenn sie zur Verteidigung menschlicher Unvernunft als solche deklariert wird. Ganz im Gegenteil. Je mehr sie als Zynismus oder Neid deklariert wird, umso mehr trifft sie ins Schwarze emotionaler Befindlichkeiten. Und umso heftiger die Reaktion, die jeder emotionalen Befindlichkeit zugrunde liegt, desto mehr hat die Strategie der Kompensation die Wahrhaftigkeit verdrängt.

Die kulturellen Mythen menschlicher Gemeinschaften sind nur ein schmaler Grad. Ein Schritt zur Seite und die Glaubenssätze menschlicher Selbstbezüge, ihre kulturellen Mythen und Übereinkünfte zerfallen. Und mit ihnen zerfällt die Kompensation biologischer Statuten, die gesellschaftliche Vorstellungen und Regeln stets ad absurdum führen.

Gesellschaften verändern stetig den Rahmen ihrer kulturellen Mythen und Übereinkunft. Sie unterliegen mentalen Fortschritten durch ihre Mittelschicht. Der Anstieg ihrer organisierten Strukturen verbreitert die kollektive Basis kultureller Offenheit, indem sie die Rechte des Individuums erweitert und schützt.
Zivilisation ist daher das Projekt der fortschreitenden Verringerung kultureller Mythen und ihrer ethischen Angleichung an die energetische Effizienz der Umwelt. Aber dazu muss die Möglichkeit einer individuellen Kompensation dem objektiven Blick auf biologische Statuten weichen.

Kompensation dient dem Ausgleich einer gefühlten Minderwertigkeit, die stets auf subjektiven Aspekten von individueller Identität beruhen. Diese Aspekte im Individuum heißen *Akzeptanz und Anspruch*.
Je rationaler die Sicht auf die eigene Person, umso deutlicher die Trennung zwischen persönlichen Emotionen und Umwelt.

Die Verteidigung menschlicher Unvernunft hat ihre emotionalen Befindlichkeiten noch nicht abgelegt.

Daher hält sie fest an kulturellen Mythen, die ihre individuelle Identität absichern und der eigenen Wahrhaftigkeit im Weg stehen. Hat das Individuum die kulturellen Mythen aber abgelegt, kann es auch die biologischen Statuten akzeptieren.

Was daraus folgt ist theoretisch ebenso einfach wie praktisch schwierig: umso gründlicher die Einsicht ins Erforderliche oder Notwenige, desto einfacher der Verzicht des Entbehrlichen.

Die Macht der Ansprüche endet, wo die Not der Selbsterhaltung beginnt, die für Fragen der Akzeptanz und Ansprüche keine Zeit mehr hat.

Die Angst vor Veränderung weicht ohnehin der Notwendigkeit zur Veränderung.

Also, stellen wir uns doch die ökonomische Kapitalfrage und fragen uns: was lohnt sich mehr? Ein hoher, schneller Gewinn, dem nichts mehr folgt? Oder ein kleiner, nachhaltiger Ertrag, dem dauerhafte Erträge folgen? Was ist wirtschaftlicher? Ein zerstörtes Ökosystem, das keine Profite mehr abwirft? Oder die nachhaltige und effiziente Nutzung natürlicher Ressourcen, die dauerhafte Profite garantiert?

▶ Die organische Konstante

Organische Existenz ist Energie durch Stoffwechsel. Es sind organische Substanzen, die ihre chemischen Verbindungen ständig regenerieren.

Der menschliche Organismus besteht aus den temporär verlinkten Substanzen chemischer Verbindungen, die durch ihr funktionales Komplement im einzelnen Organismus einen scheinbar autonomen Stoffwechsel bilden. Tatsächlich ist dieser autonome Stoffwechsel von Organismen aber nur die energetische Schaltstelle einer Umwelt, die ihren Energiehaushalt durch Ausbildung spezifischer Organismen (Evolution), selbst reguliert.

Die infinite Variabilität chemischer Verbindungen im System Erde ist eine organische Konstante, die den autonomen Stoffwechsel des planetarischen Organismus erst ermöglicht und zugleich erhält.

Die globale Menge an freier Energie, aus der die organische Welt ihren Organismus bildet und somit ihr energetisches Gleichgewicht steuert, bleibt dabei stets unverändert. Allein ihre ausgebildete Vielfalt an Organismen sorgt für ihre energetische Effizienz.

Für die Natur im System Erde sind einzelne Organismen nichts anderes als eine ausgeklügelte Strategie zur gezielten Verteilung ihrer Energie. Sie sind Energiezellen, ihr scheinbar autonomer Stoffwechsel lediglich eine erfolgreiche Methode zur Speicherung, Freisetzung und Umwandlung von Energie - von einem Organismus oder organischen Prozess auf andere Organismen oder organische Prozesse.

Der einzelne Organismus ist immer entbehrlich. Allein seine regulierte Anzahl in komplementärer Funktion macht ihn zum wesentlichen Bestandteil einer ökologischen Selbststeuerung. Je zahlreicher zugleich die Varianten (Artenvielfalt) in einem beliebigen Ökosystem, umso effizienter eine gezielte Verteilung an freier Energie mittels der Stoffkreisläufe.

Auf diesem Hintergrund lässt sich nachvollziehen, weshalb die Stabilität jedes beliebigen Ökosystems und somit die allgemeine Stabilität ökologischer Bedingungen, am möglichst ungestörten Zusammenwirken ihrer unterschiedlichen Organismen hängt.

Der menschliche Organismus der Gegenwart kann die Selbststeuerung der organischen Welt rational nachvollziehen. Er kann ihre evolutionären Ursachen und biologischen Zusammenhänge rational nachvollziehen. Aber seine Emotionen weigern sich gegen sein Wissen. Er will nicht verstehen, dass das komplementäre Prinzip und die Autodynamik der Natur sich selbst genügen. Und er will sie deshalb nicht verstehen, weil seine Bewusstseinsform ihm einredet, er sei eine autonome Einheit mit eigenem Willen, statt eine funktionale Zelle, die ihren existentiellen Grundbedingungen unterworfen ist.

Wir sehen eine organische Konstante, die auf den Achsen von Raum und Zeit in einem geschlossenen System ein evolutionäres Konzept generiert. Aber wir sehen nicht, dass diese organische Konstante nur eine Folge äußerer Zufälle ist, die sich durch ihre Autodynamik mit Raum und Zeit ergänzt. Wir sehen nicht, dass ihre Selbststeuerung durch eine gegenseitige Abhängigkeit sämtlicher Faktoren verläuft.

Unsere Bewusstseinsform ist noch zu begrenzt, um zu begreifen, dass der Natur weder eine singuläre Ursache zugrunde liegt, noch dass sie ein finales Ziel verfolgt. Ihr Gegensatz bildet ihre Ergänzung. Ihre Einheit kann sich erhalten, da jeder Bestand an dieser Einheit mitwirkt- von der einzelnen Zelle bis zum Organismus, vom Substrat bis zur Atmosphäre.

Im Klartext: Regression bedeutet hier Progression und zugleich Transformation autodynamischer Prozesse durch Synergie.

Es ist die Systematik der Natur, die im Programm der ökologischen Vernunft zum Ausdruck kommt.

Das Ego, das mit seiner individuellen Identität den menschlichen Geist besetzt hält, endet spätestens mit dem organischen Stillstand und der substanziellen Auflösung des jeweiligen Individuums. Aber das Ende vom persönlichen Stoffwechsel, die energetische Transformation des Organischen in seine chemischen Bestandteile, ist nur die folgerichtige Konsequenz zur langfristigen Nutzung und Erhaltung freier Energie.

Die gespeicherte oder zwischengelagerte Energie des abgestorbenen oder verendeten Organismus geht nie verloren. Sie wird durch die Stoffkreisläufe freigesetzt und umgewandelt, sie verändert ihr Aggregat, dient zur Reproduktion neuer Organismen oder wird durch andere Organismen konsumiert.

Das Recycling tierischer Proteine durch deren Umwandlung in Aminosäuren und chemische Grundstoffe ist nur ein Beispiel für die Selbststeuerung globaler Stoffkreisläufe, die an jedem x-beliebigen Punkt der Biosphäre die Wirksamkeit der Synergie im System Erde gewährleisten. Allein auf diese Art wird jede freie Energie im System Erde reversibel für eine organische Konstante, die zur Erhaltung ihrer Stoffkreisläufe stets neue funktionale Komplexe - Organismen in Kooperation - hervorbringt.

Ein Neugebornes kann nicht sofort stehen. Es muss erst das Krabbeln, die mechanischen Abläufe seines Körpers, den Umgang seines Körpers mit der Gravitation trainieren, bevor es aufrecht stehen und gehen kann. Bis dahin fällt es unzählige male hin.

Das Gleiche gilt fürs Wissen der umfassenden Abhängigkeit des menschlichen Organismus von der Umwelt. Unsere Zivilisationen haben dem Individuum nicht das selbstständige Stehen und Gehen beigebracht, sondern seine Interaktion mit einem menschlichen Kollektiv. Sie mussten. Dies war ihre Voraussetzung, um dem Individuum überhaupt das Krabbeln beizubringen.

Sie haben dem Individuum durch Ausbeutung natürlicher Ressourcen und Organismen individuelle Freiräume verschafft. Sie mussten. Dies war die Bedingung, um dem Individuum das Training körperlicher Abläufe zu ermöglichen. Jetzt kommt die letzte Aufgabe.

Unsere Zivilisationen müssen das Individuum das selbstständige Stehen lehren. Sie müssen. Dies ist das Diktat der Umwelt und die Bedingung zum Fortbestand menschlicher Zivilisationen. Unsere Zivilisationen müssen dem Individuum die eigene Abhängigkeit vom ökologischen Kollektiv unmissverständlich verdeutlichen.

Die Zusammenhänge der Natur und die Tragweite der Umwelt werden in der Erziehung des zivilisierten menschlichen Individuums noch immer vernachlässigt oder unzureichend vermittelt.

Stattdessen erfährt das Individuum zivilisierter Komplexe durch unentwegte medial-ökonomische Manipulation eine ständige Progressivität seiner individuellen Identität. Das Individuum ist Empfänger, Kunde, Konsument. Es ist der wichtigste Faktor der gesellschaftlichen Organisation. Aber seine organische und somit energetische Ineffizienz, die unentwegt befeuert wird vom Gedanken individueller Identität, bleibt unangetastet. Die Zusammenhänge zwischen Umwelt und eigenem Verhalten werden aus der exzessiven Selbsterhaltung dieser individuellen Identität weiterhin komplett ignoriert. Daher beißt der menschliche Organismus auch gedankenlos in die ökologische Hand, die ihn füttert und wundert sich noch, dass sich die Hand mehr und mehr zurückzieht.

Unsere Zivilisationen sollten dem Individuum endlich verdeutlichen, dass seine langsame Wiederannäherung an seine existentiellen Grundbedingungen einen unabdingbaren Schritt zu dessen Selbsterhaltung bildet.

Das Individuum, verschwunden in der Anonymität zivilisatorischer Strukturen, benötigt Zivilisationen, die ihre Botschaft einer individuellen, wie kollektiven Abhängigkeit von ökologischen Bedingungen klar formulieren.

Ein ökonomischer Schritt rückwärts bedeutet hier zwei ökonomische Schritte vorwärts.

Ein Nutzbaum, der Früchte trägt, benötigt keinen zusätzlichen Dünger, sondern gezielte Einschnitte. Andernfalls verliert er auf Dauer seinen Ertrag.

Da der menschliche Organismus durch die energetische Ineffizienz seiner diversen Zivilisationen ein ökologisches Ungleichgewicht hervorgerufen hat, muss er früher oder später seine diversen Zivilisation kollektiven und ebenso regulieren, wie jedes Ökosystem das Gleichgewicht seiner Organismen.

Das nachhaltig gestörte und in Ungleichgewicht gebrachte Ökosystem benötigt zu seiner funktionalen Erhaltung regulative Unterstützung.

Der Mikrokosmos mit seiner Adaption und Modifikation bakterieller Organismen zeigt die Wirksamkeit einer evolutionären Selbstregulation, die vor keiner organischen Existenzform Halt macht.

Die Geisteshaltung des menschlichen Organismus, kollektiviert in Zivilisationen, erweitert sich stetig. Sie hat sich im Verlauf der menschlichen Geschichte immer mehr erweitert.

Das menschliche Individuum strebt unaufhaltsam zum entscheidenden Punkt der menschlichen Geschichte: der persönlichen Entscheidung zwischen individueller Anarchie und kollektiver Organisation.

Diese Entscheidung besiegelt in den kommenden Jahrzehnten den Weg von menschlicher Zivilisation und Fortschritt.

Die **individuelle Bewusstwerdung** der eigenen Grenzen, das Wissen existentieller Grundbedingungen und die fatale Rückkopplung persönlicher Vorteilsnahme lässt dem Individuum letztlich überhaupt keine andere

Wahl als die kollektive Organisation im Rahmen energischer Effizienz - zu jedem Preis.

Wir wissen, der menschliche Egoismus, verwurzelt im Selbsterhaltungstrieb, lässt sich nicht ändern. Also bedarf es der globalen Kontrolle menschlicher Energieumwandlung, menschlichen Konsums, menschlicher Produktion und Reproduktion.

Die Erschaffung globaler Energiebehörden als Kontrollorgan für individuellen und kollektiven Energieverbrauch ist ebenso zeitlich absehbar, wie die Überwachung und Beschränkung von globalem Konsum, globaler Produktion und Reproduktion unerlässlich.

Was heute noch als Angriff auf Persönlichkeitsrechte und ethische Grundsätze gilt, wird morgen bereits zur Agenda kollektiver Selbsterhaltung.

Der menschliche Organismus, der seine individuelle Bewusstwerdung aus emotionalem Unvermögen mehrheitlich unterdrückt und somit seine individuelle Anarchie weiterhin über eine organisierte Angleichung an die energetische Effizienz der Umwelt stellt, wird von der natürlichen Selbstregulation zur energetischen Effizienz gezwungen. Die organische Welt nimmt ihm jede Entscheidungsfreiheit.

DIE RETARDIERTE HIERARCHIE

▶ UNVERNUNFT

Die menschliche Spezies ist verrückt. Warum?
Betrachten wir den Begriff der Vernunft als Ausdruck
ökologischer Effizienz und Funktionalität wird deutlich, was wir am Verhalten der menschlichen Spezies
unter verrückt verstehen.

Vernunft ist die energetische Effizienz einer Umwelt,
die sich selbst verwaltet, reguliert und erhält.
Jedes Ökosystem funktioniert somit durch eine Vernunft, die durch strikte Umsetzung ihrer komplementären Strukturen ein komplexes und stabiles Zusammenwirken aufrechterhält.
Das Konzept der Ordnung durch Harmonie beschreibt
zutreffend die energetische Effizienz einer Umwelt, die
sich selbst verwaltet, recht zutreffend. Ein ineffizientes
Zusammenwirken ökologischer Kräfte, das eine energetische Stabilität hervorruft und sich zugleich autonom verwalten, ist daher undenkbar, weil nicht praktikabel. *Die Natur ist Vernunft.*
Womit haben wir es bei Vernunft also zu tun?
Welche Bestandteile können wir Menschen anhand
ökologischer Prozesse analysieren, die ein vernünftiges Verhalten widerspiegeln? Was können wir hier
sehen, lernen und bestenfalls selbst anwenden?
Wir sehen einzelne Faktoren, die sich trotz ihrer gegen-
sätzlichen Funktion gegenseitig ergänzen und ein harmonisches Gesamtgefüge bilden. Das Ergebnis dieser
gegenseitigen Ergänzung lässt sich ersehen durch die
Selbstverwaltung unserer Ökosysteme. Diese Selbstverwaltung zeigt eine **gesamtheimliche Zweckmäßigkeit**.
Der planetarische Organismus organisiert sich also
nach einer holistischen Zweckmäßigkeit, die ihre energetische Interaktion auf ein notwendiges Ungleichgewicht baut, dass durchs Zusammenwirken von organischem Stoffwechsel und Stoffkreisläufen ihren ständigen Ausgleich findet. Erst das Ungleichgewicht zwi-

schen anorganischen und organischen Prozessen erschafft die Autodynamik der Evolution.

Wenn wir uns Evolution als einen globalen Konzern vorstellen, werden die Unterschiede zwischen menschlicher Produktion und evolutionärer Produktion umso deutlicher. Evolution weckt keine künstlichen Bedürfnisse. Ihre Produkte decken bereits den Markt von Angebot und Nachfrage.

Aber was verkauft Evolution ihren Organismen?

Sie verkauft Gene. Der Organismus zahlt für diese Gene mit Energie. Und alles mittels Existenz. Je mehr verschiedene Gene im Genpool der Evolution, umso effizienter das Zusammenwirken von organischem Stoffwechsel und Stoffkreisläufen.

Das Zahlungsmittel zwischen Evolution und Organismus, zwischen Genen und Energie ist selbstevident. Organische Existenz besitzt keinen anderen Zweck als eine holistische Zweckmäßigkeit, die der Autodynamik der Evolution zugrunde liegt.

Evolution ist energetische Effizienz.

Im Klartext: Vernunft ist das Zusammenwirken von Stoffwechsel und Stoffkreisläufen. Der energetische Input bei Produktion, Konsum und Reproduktion durch den Stoffwechsel von Organismen ist gleich ihrem energetischen Output durch die Stoffkreisläufe.

Übersetzt: Herstellung gleich Verwertung oder *relative Produktion* (samt Reproduktion) gleich einem *totalen Konsum* und einem *totalen Recycling*, das keinerlei Rückstände bildet.

Totaler Konsum und totale Verwertung gewährleisten hier erst eine regulierbare Relativität an organischer Produktion und Reproduktion durch die Evolution. Denn eine totale (Re)Produktion, wie der menschliche Organismus sie betreibt, schließt die Totalität ihrer Verwertung stets aus.

Das Ergebnis sind Rückstände, die eine Regulation relativer (Re)Produktion immer mehr verengen, da sie das Gleichwicht zwischen organischem Stoffwechsel und Stoffkreisläufen nachhaltig stören.

Das Maximum menschlicher Produktion greift somit in die autonomen Prozesse einer energetischen Effizienz, die ihre Relativität nicht mehr regulieren kann.

Was dies für die Stoffkreisläufe des planetarischen Organismus heißt, ist klar. Der Kollaps von Ökosystemen, durch maximale (Re)Produktion zu lange und zu intensiv strapaziert, ist zugleich der Kollaps menschlicher (Re)Produktion.

Wir wiederholen und schließen den Kreis: Kooperation durch gegensätzliche Funktion führt zu einer Selbstverwaltung, die eine holistische Zweckmäßigkeit umsetzt, aus der gegenseitige Ergänzung, Synergie und organische Existenz entstehen.

Vernunft ist also ein autodynamischer Prozess, der in einem geschlossenen System, z.B. Erde, durch gleichmäßige Verteilung bzw. beständige Transformation seine chemischen Verbindungen störungsfrei durch Stoffkreisläufe fließen lässt.

Unvernunft ist ein speziell menschliches Phänomen, das vorsätzlich gegen die Vernunft der autodynamischen Prozesse verstößt. Seine Ursachen sind eine individuelle Identität, die in der Mehrheit menschlicher Individuen auf emotionalem Unvermögen baut.

Wir fassen zusammen: Was für menschliche Existenz und Nichtexistenz gilt, gilt ebenso für menschliche Produktion und Nichtproduktion. Produktion wie Existenz besitzen Grenzen. Räume und Ressourcen sind in einem geschlossen System begrenzt.

Diese *funktionale Verdichtung an Energie* benötigt zur Aufrechterhaltung ihrer Leistungsfähigkeit Pausen. Ihre Anwendung muss somit phasenweise gedrosselt werden. Andernfalls erschöpfen sich eine künstliche forcierte Produktion und Reproduktion von selbst.

Ein einzelner Organismus, dem pausenlos Höchstleistungen abverlangt werden, wird kollabieren. Sein Kreislauf und Stoffwechsel brechen zwangsläufig zusammen. So die Ökosysteme. Um dies zu verhindern, hat die Natur für sämtliche Organismen vernünftige Sperren eingebaut: Regulation und Selektion.

Der menschliche Organismus hat diese vernünftigen Sperren umgangen, zwingt durch den ineffizienten Modus seiner Energieumwandlung, Produktion, Konsum und Reproduktion den planetarischen Organismus zu ständigen Höchstleistungen, die keine Ruhephasen mehr enthalten und in ihrer globalen Dichte das Zusammenwirken von organischem Stoffwechsel und Stoffkreisläufen langfristig zerstören.

Die Unvernunft organisierter Gesellschaften in Fragen der Energieumwandlung, Produktion und Konsum ist bereits an sich nicht weniger tödlich als die Unvernunft unorganisierter Gesellschaften in Fragen menschlicher Reproduktion. Ihre unvernünftige Interaktion, Ernährungsprogramme für Ausbeutung und Massenflucht für Naturkatastrophen, wirkt umso fataler und beschleunigt nur den absehbaren Kollaps der Ökosysteme.

▶ DER ZWANG ZUR BESCHRÄNKUNG

Die menschliche Mehrheit im System Erde ist manipuliert durch die kollektive Organisation des menschlichen Organismus. Folglich ist diese Mehrheit konditioniert auf die ökonomischen, politischen und kulturellen Vorgaben ihrer jeweiligen Gesellschaftssysteme. Ihre Unvernunft oder Verrücktheit, die sich in individuellem Fehlverhalten äußert, geht zurück auf organisierte Gesellschaftssysteme, die dieses individuelle Fehlverhalten aus ökonomischen Interessen ganz gezielt fördern und somit das Individuum der Massengesellschaft künstlich am Leben erhalten.

(Das Weltvermögen in den Händen einer einzelnen Interessengruppe oder weniger Personen ist das vollkommene Bild individueller Identität. Es ist der Sieg einer menschlichen Unvernunft und Dummheit, die eine sichere Zerstörung unserer Zivilisationen nur plausibel macht und durch Vernunft rechtfertigt.)

Da die organisierten Strukturen das Fehlverhalten des Individuums zugleich kompensieren, wird das Bewusstsein für die Zusammenhänge zwischen individuellem Fehlverhalten und dessen negativen Auswirkungen auf jeweilige Kollektive sowie den planetarischen Organismus allgemein fortwährend unterdrückt.

Die Bestärkung individueller Identität, die das Ego erst maximiert, verdrängt im heranwachsenden Individuum der gegenwärtigen Massengesellschaften jedes Bewusstsein für die kollektive Basis der Existenz.

Der Modus der menschlichen Führung ist ungebrochen vernunftlos. Er verkauft geteilte Werte und kollektive Übereinstimmung in seinen gesellschaftlichen Systemen. Aber er fördert zugleich die egoistischen Schwächen eines Individuums, das durch seinen exzessiven Energiekonsum seine eigenen Lebensgrundlagen vertilgt. Seine Logik, die alleine auf dem emotionalen Profit des Individuums baut, stellt den menschlichen Organismus immer mehr gegen eine natürliche Vernunft. Wie deutlich sich diese Logik gegen eine natürliche Vernunft stellt, beweist die ständige Optimierung menschlicher Selbsterhaltung auf Kosten der eigenen Substrate.

Das globale Kapitalsystem fördert umso gezielter den anarchistischen Impuls des Individuums der Masse, je mehr es hiermit den anarchistischen Impuls des elitären Individuums befriedigen kann.

Diese forcierte Spirale individueller Anarchie, die mit zunehmender Globalisierung die Anzahl ihrer Profiteure immer weiter verringert, während sie mehr und mehr Verlierer hervorbringt, ist der ewige Gegenspieler von Fortschritt und Zivilisation, der durch globale Vernetzung endlich offensichtlich wird.

Das menschliche Individuum ist durch seine ökonomische Bedeutung als Konsument jetzt angelangt im öffentlichen Raum und stellt dort seine emotionale Orientierungslosigkeit zur Schau.

Die zunehmende Individualanarchie, Wohlstandsverwahrlosung, Verrohung und Endsolidarisierung organisierter Gesellschaften gibt ein eindrückliches Bild von der öffentlichen Tyrannei eines Individuums, das an seinen Selbstbezügen, seiner existentiellen Bedeutungslosigkeit und seinen überhöhten Ansprüchen verzweifelt.

Die menschliche Logik hat sich mit Beginn des 21. Jahrhunderts durch Technologie global vernetzt, aber die menschlichen Emotionen noch längt nicht. Sie bleiben, trotz menschlicher Empathie für fremdes Elend, beschränkt auf persönliche Beziehungen, die das Bewusstsein einer individuelle Identität von Sender und Empfänger voraussetzen.

Die menschlichen Hierarchien unserer Zivilisationen, retardiert durch die individuelle Bewusstseinsform eines menschlichen Organismus, der noch immer aus emotionalen Motiven, statt rationaler Einsicht nach unpersönlicher Macht strebt und somit gegen die natürliche Vernunft verstößt, sind dieser Herausforderung längst nicht gewachsen und benötigen daher eine zwingende Neuausrichtung.

Die entscheidende Runde im Kampf um die menschliche Bestimmung, in der das Individuum Streitobjekt zwischen Anarchie und Ordnung, Selbstselektion und Selbsterhaltung bildet, ist mit dem öffentlichen Bewusstsein für die nachteilige Veränderungen der Umwelt eingeläutet.

Wofür wird sich das Individuum entscheiden? Für seinen anarchistischen Impuls und folglich seine Selbstselektion? Oder für seine organisierte Kooperation und folglich seine Selbsterhaltung.

Eine Erhaltung unserer Zivilisationen fordert eine Verstärkung der individuellen Wahrnehmung für die Bedeutsamkeit organischer Zusammenhänge. Und sie fordert eine veränderte Wahrnehmung fürs fundamentale Regelwerk von Existenz und Reproduktion.

Eine *organisierte Kooperation* muss emotional beworben oder suggeriert werden. Mit der gleichen Kraft und Ausdauer, mit der zuvor eine exzessive Selbsterhaltung beworben oder suggeriert wurde.

Die Botschaft, die ins menschliche Individuum muss, ist mehr als klar: Beschränkung vor Expansion, Existenz vor Profit, Kollektivismus vor Individualismus.

Wie lange brauchen wir eigentlich noch, um einen Typ von Individuum hervorzubringen, der mit emotionaler Distanz, kollektiver Identität und zum Selbstschutz seiner Zivilisationen verantwortungsvoll über die globalen Energiekreisläufe im System Erde wacht?

▶ SELBSTERKENNTNIS

Wir reden hier nicht etwa von einer kommunistischen Ausrichtung einer globalen, menschlichen Organisation. Für diese Art von Utopie ist das menschliche Individuum, beschränkt auf seine Machtstrukturen und Hierarchien, noch längst nicht bereit.

Das menschliche Individuum ist noch ein Kind.

Was kümmern dieses Kind komplexe Fragen? Es hat seinen Bewegungs- und Geltungsdrang, braucht seine emotionalen Spielplätze, das Sicherheitsgefühl der Eltern und sein persönliches Spielzeug. Mehr nicht.

Wir reden von einer ökologisch verträglichen Verhaltenskorrektur des menschlichen Individuums, die eine politische und ökonomische Annäherung an eine energetische Effizienz zwingend voraussetzt. Und umso zwingender, da der menschlichen Organismus, falls er seine Zivilisationen erhalten möchte, gar keine andere Wahl hat, als eine Forcierung der ökologischen Verhaltenskorrektur seiner Individuen.

Noch einmal: Es spielt keine Rolle, ob die menschliche Organisation im System Erde dem menschlichen Individuum ungerechte oder gerechte Bedingungen bietet. Ob diese Welt durch menschliche Interaktion für den einzelnen Organismus gerechter wird oder nicht ist sekundär. Was zählt ist dass die menschliche Organisation der letzten Jahrhunderte eine energetische Ineffizienz hervorgebracht hat, die vorsätzlich gegen die natürliche Vernunft im System Erde agiert und daher zu einer absehbaren Selbstsektion führt.

Das Gleiche, was für jede Weltanschauung gilt, die durch ihre Umsetzung fundamentale Verhaltensweisen hervorbringt und Bestehendes verändert, gilt auch für jede Form von Vernunft oder jede Vorstellung und Erfahrung, die mit irgendeiner Form von Vernunft verbunden sind.

Vernunft kann nicht in menschliche Köpfe und zur Umsetzung gelangen, wenn diese Köpfe durch ihre Bewusstseinsform noch nicht dafür aufnahmefähig sind. Sie verlangt eine Selbsterkenntnis, in der das Individuum begreift, wie es ebenso an sich festhält wie von sich loslässt. *An sich selbst festhalten* durch die persönliche Erfahrung vom emotionalen Wert der Existenz. *Von sich selbst loslassen* durchs rationale Wissen der eigenen Sterblichkeit -

das ist menschliche Selbsterkenntnis!

Von sich selbst loslassen und mit der Umwelt kollektivieren ist der Entschluss, das eigene Innere dem Äußeren anzugleichen, statt dem Versuch das Äußere seinem Inneren aufzuzwingen.

147

Erst wenn das menschliche Individuum gleichermaßen seine kollektive Bedeutung wie die Bedeutungslosigkeit seiner individuellen Identität erfasst, kann es vernünftig sein. Bis dahin ist es sein eigener Gegner.

Aufklärung durch Wissen verfolgt daher löbliche Ziele. Aber ihre Lehre menschlicher Selbsterkenntnis verlangt von ihren Schülern immer auch die Bereitschaft zu rationaler Einsicht.

Aufklärung durch Wissen ist rational. Aber das menschliche Individuum der Gegenwart denkt und funktioniert nicht rational. Es ist noch zu sehr überfordert mit der mentalen Harmonisierung seiner Instinkte, Emotionen und Logik. Daher ist sein Verhalten häufig absurd bis irrational, statt vernunftorientiert.

Das menschliche Individuum der Gegenwart besitzt noch nicht die erforderliche Toleranz gegen seine eigenen Emotionen, die ihn zur rationalen Sichtweise für Aufklärung und letztlich zu Selbsterkenntnis befähigen. Wie kann und soll es durch eine rationale Aufklärung also zu Vernunft kommen?

Auf diesem Hintergrund bleibt eine Aufklärung durch Wissen, die zu menschlicher Selbsterkenntnis führt, ein utopisches Unternehmen.

Allein die Sensibilität für Emotionen und das Wissen emotionaler Motive geben dem menschlichen Individuum das Fundament, das ihn zum selbstverantwortlichen Menschen erzieht. Ein Kind lernt nicht durch forcierte Gewalt, es lernt nur durch Geduld und eigene Erfahrung. Seine Neugier und sein Spieltrieb brauchen ebenso Freiraum wie sein Wille und Eigensinn die klaren Grenzen der Umwelt.

Das menschliche Individuum kann nicht gewaltsam oder durch Terror zu Vernunft geprügelt werden. Weltanschauungen und Verhaltensweisen sind graduell erziehbar, benötigen zu ihrer konsequenten Umsetzung aber stets die eigene Einsicht.

Vernunft ist die schwierigste Disziplin unter sämtlichen Lebenskonzepten. Die Abkehr von individueller Identität bedeutet nicht nur *Verzicht*. Sie bedeutet eine komplette Infragestellung persönlicher Begehrlichkeiten und erfordert eine freiwillige Demütigung, die den inneren Widerstand des Egos überwindet.

Erst hier entsteht überhaupt erst die Voraussetzung zur größtmöglichen Vernunft des Individuum.

Das Verständnis für die Unverletzbarkeit der eigenen Würde ist beim menschlichen Organismus keine angeborene Sache. Es kann nur erlernt werden durch konkrete Konfrontation mit Konflikten, der Hingabe zum Unangenehmen. Das beständige Verrichten vermeintlich niedriger Arbeit ist der erste Schritt, um das menschliche Individuum zur gefühlten Selbstbestimmung zu führen. Ab hier folgt fürs Individuum die Übernahme von gesellschaftlicher Verantwortung oder das Bewusstsein für allgemeine Verhaltensregeln und menschliche Hierarchien, die das öffentliche Miteinander erst ermöglichen.

Das nachhaltige Organisieren kollektiver Strukturen führt im Individuum zur Unterdrückung seiner individuellen Vorstellungen, persönlichen Befindlichkeiten und Wünsche.

Das Problem hierbei: das Individuum hat sich öffentlich zwar scheinbar *endindividualisiert* und folgt nun einem Verhaltenskodex, der einer kollektiven Übereinkunft menschlicher Individuen entspricht. Aber seine persönlichen Motive (Status, Karriere) sind nach wie vor vorhanden. Es hat sein Ego lediglich versteckt hinter einer Gemeinschaft, für dessen Organisation und funktionalen Erfolg es öffentlich einsteht.

Folglich organisiert und forciert dieses Individuum gesellschaftlich nur, was strukturell bereits vorhanden ist und ihm durch allgemeinen Nutzen auch persönlich nützt.

Mit anderen Worten, das Individuum, dass sich mit kollektiven Strukturen identifiziert, organisiert überhaupt nicht das Bewusstsein fürs menschliche Kollektiv. Es organisiert nur den formalen Verhaltenskonsens menschlicher Kollektive innerhalb bestehender oder traditioneller Strukturen, Gesetze, Regeln und Tabus. Es kann die kollektiven Veränderungen des Individuums, die mit der Zeit aus seinen Strukturen hervorgehen, nicht voraussehen und steuern. Seine Interessen sind beschränkt auf eine materielle Gestaltung, die eine verantwortungsvolle Selbstbestimmung des menschlichen Individuums ausschließt.

Was wir gegenwärtig Massengesellschaft nennen, ist exakt das bewusste Hauptprodukt dieser organisierten Strukturen, die durch die individuelle Identität ihrer Macher den anarchistischen Individualismus der menschlichen Mehrheit permanent fördern.

Ihre unerwünschte Kehrseite, eine energetische Ineffizienz, die zum massiven Eingriff in die kollektiven Lebensgrundlagen führt, ist die Folge dieser organisierten Strukturen, die ignorieren, wohin ihre Organisation führt.

Dass diese Strukturen so beharrlich ignorieren *wohin* ihre Organisation steuert, bestätigt nur ihre eigene Unfähigkeit zu Reformen. Es beweist das Festhalten an einer individuellen Identität, die ihre persönlichen Interessen und Vorteile über das Wohl gemeinsamer Interessen und gesamtheimlicher Zusammenhänge stellt.

Der gordische Knoten menschlicher Zivilisationen, hausgemacht durch den Komplex einer anonymisierten Organisation, die fortwährend das Ego des menschlichen Individuums pusht, bedarf einer vernünftigen Lockerung. Aber dazu muss sich das menschliche Individuum, noch versteckt hinter dieser anonymisierten Organisation, zuerst kollektivieren.

Das menschliche Individuum kann nicht vernunftorientiert handeln, solange es festhält an einem emotionalen Unvermögen, das ständig seine individuellen Vorstellungen bestärkt, zu ungeprüftem Wollen und unangemessenen Ansprüchen führt.

Erst eine menschliche Logik, die sich freimacht von der kognitiven Separation des Egos und in Zusammenhängen denkt, die jeden Menschen umfasst, ist bereit für eine kollektive Identität. Und erst eine Emotion, die sich freimacht von den kulturellen Mythen und Traditionen ihrer spezifischen Gesellschaftssysteme und die existentielle Wechselbeziehung zwischen organischem Stoffwechsel und Stoffkreisläufen erfasst, kann organische Identität praktizieren.

Max Mustermann kann nur zu Vernunft gelangen, wenn er bemerkt, dass er sich durch sein individuelles Fehlverhalten selbst betrügt.

Damit Max Mustermann diesen Selbstbetrug nicht nur bemerkt, sondern auch dauerhaft sein Verhalten ändert, bedarf es einer emotionalen Botschaft oder eines Ultimatums, die Max Mustermann persönlich treffen.

Jede Existenzform und jede existentielle Wirklichkeit unterliegen den Vorgaben der natürlichen Vernunft. Um diese Vernunft zu gewährleisten, basiert jede organische Existenzform auf *Kampf*.

Aber dieser Kampf von Organismen um Selbsterhaltung endet in der Befriedigung ihrer Triebe und hat nichts zu tun mit den Begehrlichkeiten, künstlichen Bedürfnissen und Ansprüchen eines menschlichen Individuums, die dessen ungeprüften Motiven entspringen.

Die Grenze existentieller Möglichkeiten wird stets markiert von Kampf, Selbsterhaltung und Reproduktion. Eine Existenz, die über die Grundbedingungen ihrer jeweiligen Organismen hinausgeht, ist für jede organische Existenzform daher unmöglich.

Die Folge ist, dass die emotionalen Motive des menschlichen Individuums, hervorgerufen durch unerfüllte und unerfüllbare Begehrlichkeiten, künstliche Bedürfnisse und Ansprüche zwangsläufig zu emotionalem Unvermögen und somit zu Leiden führen.

Dieses Leiden muss im menschlichen Kontext grundsätzlich und ausdrücklich unterschieden werden vom Schmerz, der durch die existentiellen Umstände von Krankheit, Verletzung, Verlust oder Alter besteht.

Wie Selbsterhaltungs- und Geschlechtstrieb die Voraussetzung zu Existenzfähigkeit und Existenzerhaltung bilden, besitzt die Umwelt als Raum jeder Existenzform eine Toleranzschwelle für den Schmerz, der den Existenzkampf begleitet.

Schmerz ist der große Lehrmeister der Existenz. Sein Lerneffekt äußerst sich für gewöhnlich durch eine Verhaltensänderung der Existenzform. Dies geschieht entweder durch Unterlassung, Verzicht oder durch Akzeptanz des Unvermeidlichen.

Wird der individuelle Schmerz durchs Festhalten an emotionalen Motiven aber anhand eigener Vorstellungen bewertet, statt als neutrale Erfahrung gedeutet, entwickelt er sich zu persönlichem Leiden.

Der Schmerz trifft das menschliche Individuum stets unverschuldet. Denn er markiert in der Regel nicht nur dessen Rahmenbedingung (Geburt und Tod), sondern gehört unabänderlich zum allgemeinen Exis-

tenzkampf der organischen Existenzform, die gegen sämtliche Widerstände existentieller Wirklichkeiten ihrem Selbsterhaltungstrieb untersteht.
Das Leiden dagegen ist eine selbstverschuldete Größe. Es entsteht voll und ganz aus dem emotionalem Unvermögen eines Individuums, das seinen eigenen Begehrlichkeiten und Ansprüchen nicht gerecht wird, aber dennoch an seinen emotionalen Motiven festhält.

Im sozioökonomischen Kontext: die unbeachteten Vorgaben der natürlichen Vernunft führen durchs dauerhafte Überschreiten existentieller Spielregeln zu individuellem Leiden.
Die expansive Regelverletzungen, die zu kollektivem Leiden führen, sind bereits ersichtlich im persönlichen Elend einer menschlichen Mehrheit, das sich global ausdehnt. Es dehnt sich aus durch Massenarmut, Massenflucht, Terrorismus, Klimawandel und bakterielle Resistenzen.
Aber dieses Leiden hat noch nicht diejenigen erreicht, die seine Ausdehnung (noch) in Kauf nehmen, unbewusst fördern oder vorsätzlich unterstützen. Seine Bedrohungen und Auswirkungen gehen (noch) unbeachtet vorüber an der *Ignoranz des Konsumenten*.
Erst wenn das globale Leiden die eigene Person erreicht und persönlich wird, ändert sich das Verhalten, das dieses Leiden zuvor fortdauernd bewirkt hat, während der Nicht-Betroffene es ignoriert. Nur ist jede aktive Gestaltung dieser persönlichen Verhaltensänderung dann unmöglich. Denn der universelle Schmerz, jetzt persönlich angekommen in seinem Auslöser, lässt keinen Spielraum mehr.
(Die linke Hand kann die rechte Hand nicht mehr verarzten, wenn sie selbst gebrochen ist.)

Vernunftorientiertes Verhalten ist gegenwärtig noch eine persönliche Entscheidung. Der gesetzliche Rahmen für energetische Effizienz, in dem sich das Individuum bewegt, ist durch die rechtliche Autonomie von Nationalstaaten noch völlig diffus definiert, ohne einheitliche Standards und hängt an einer individuellen Freiwilligkeit, die nicht absehen kann, was sie im Hier und Jetzt ignoriert und unterlässt.
Aber die Folgen einer erzwungenen Vernunft, die aus der Masse unvernünftiger Entscheidungen letztlich

hervorgeht, werden uns noch weniger gefallen als der freiwillige Gang zum Verzicht.

Das Ultimatum, das uns zu vernunftorientiertem Verhalten aufruft, liegt bei einer globalen Traglast von zehn Milliarden Menschen.

Ab hier beginnt die Selbstregulation, die endlich jedes menschliche Individuum betrifft.

DER WEG DER INTERGRATION

Was ist ein Fluss?

Es ist ein fließendes Gewässer mit einer eigenen Bewegung, genannt Strömung.

Diese Strömung ist ein Synonym für die Natur im System Erde. Die Autodynamik der biologischen Evolution lässt sich nicht kontrollieren. Sie folgt allein den Stoffkreisläufen des planetarischen Organismus.

Dieser planetarische Organismus existiert durch ständige Transformation und Rekombination seiner chemischen Verbindungen (Genpool) in organische Existenzformen. Sauerstoff, Stickstoff, Kohlenstoff und andere chemische Elemente bilden in den Stoffkreisläufen Verbindungen, die das Fließgleichgewicht zwischen organischer und anorganischer Existenz gewährleisten. Die chemischen Verbindungen aus denen Organismen mittels Stoffwechsel temporär bestehen, sind die gleichen Verbindungen aus denen Ökosysteme bestehen. Der Stoffwechsel sämtlicher Organismen im System Erde ist ein Synonym für die planetarischen Stoffkreisläufe. Sie sind der Stoffwechsel des planetarischen Organismus.

Die chemischen Elemente, die organischer Existenz zugrunde liegen, fließen in zahllosen Kreisläufen durchs System Erde und finden im Lösungsmittel Wasser Verbindung, die unter solarer Energiezufuhr aus anorganischen Stoffen funktionale Einheiten bilden. Die Gesamtheit der Organismus ist die Selbststeuerung des planetarischen Organismus. Er ist die Flussströmung einer biologischen Evolution, in der alles fließt, was im System Erde zwischen Erdkruste und Atmosphäre existiert. Dass seine organischen Existenzformen keine Rückstände hinterlassen, die der Flussströmung im Wege stehen, belegt den holistischen Zweck dieser autodynamischen Flussströmung.

Der menschliche Fussabdruck am Flussufer hat keinen Bestand. Ein Fluss trägt auf Dauer alles fort, selbst die Brücke, die der menschliche Organismus für seine persönlichen Zwecke über sie hinweg baut.

Der Mensch kann versuchen einen Fluss zu begradigen. Er kann ihn stauen oder umleiten. Aber die Zeit ist nicht mit den Vorstellungen, dem Eigensinn und Nutzen eines einzelnen Organismus. Sie ist mit dem Fluss, der zu beiden Enden offen steht. Nicht wie der menschliche Organismus, der durch die emotionale Sicht seiner Identität und die Fragen seiner Psyche an seiner existenziellen Quelle geschlossen bleibt.

Die Zeit ist mit den bakteriellen, botanischen und anderen tierischen Organismen, die ebenso plötzlich am Fluss erscheinen oder mit dessen Strömung schwimmen, wie sie wieder spurlos darin verschwinden. Denn diese Organismen sind zu beiden Seiten offen, sowohl an ihrer existentiellen Quelle wie in ihrem existentiellen Verlauf. Ihre Instinkte sind nicht überlagert von emotionalem Unvermögen. Ihre Herkunft und individuelle Identität lassen sie kalt. Sie folgen ganz dem biologischen Programm einer gegenseitigen Ergänzung.

In der Natur findet nichts statt oder kommt zur Existenz, was für ein x-beliebiges System nicht essentiell erforderlich ist oder *zu einem bestimmten Zeitpunkt* der Gesamtheit dient. Ändern sich die Rahmenbedingungen der Gesamtheit für dieses System, ändern sich auch die essentiellen Erfordernisse.

Energie ist ständige Transformation. Ihre räumliche Bewegung durch die Zeit besteht aus Variablen, die sich zu ihrer Stabilität immer bestimmten Werten annähern. Sie bilden Systeme.

Aber Energie kann ohne die Transformation dieser Variablen kein stabiles System ausbilden.

Die organische Existenz im System Erde zeigt sehr anschaulich, wie sich Energie mittels Materie ständig transformiert und die von Menschen willkürlich gesetzte Grenze zwischen Existenz und Nichtexistenz aufhebt. Der biochemische Aufbau, Abbau oder Umbau von organischem Material in funktionale energetische Einheiten (Organismen) und zurück in chemische Elemente, ist die Rahmenbedingung für eine ungestörten Flussströmung.

Daher schwemmt die Selbststeuerung der Energie in ihrer substanziellen Bewegung durch Zeit letztendlich auch fort, was immer dem energetischen Flussverlauf, der ökologischen Stabilität und der autodynamischen Evolution im System Erde gegensteuert.

Wir Menschen sollten begreifen, dass wir mit unsrem individuellen Ableben so spurlos verschwinden, wie wir vor unserer funktionalen Verdichtung als Organismus in keinem Gedanken, keinem Molekül und keiner biochemischen Reaktion enthalten waren. Was jeder temporären menschlichen Existenz mit Namen, und persönlichem Leben substanziell vorausgeht und nachfolgt sind chemischen Verbindungen, aus denen zuvor unzählige andere Organismen bestanden und bestehen werden. Und wir sollten endlich lernen die kollektiven Rückstände unserer Existenzform ebenso spurlos mit uns zu nehmen, wie die kollektive Existenz unseres Organismus mit den Augen einer notwendigen Prävention zu betrachten.

▶ KONTROLLVERLUST & VERTEILUNGSKAMPF

Menschliche Zivilisationen funktionieren bis zum heutigen Tag ausnahmslos durch ein einziges Prinzip: Ausbeutung.

Organismen und natürliche Ressourcen sind Energieträger und Energiequellen, deren exzessive Nutzung bisher lediglich einer Minderheit an menschlichen Organismen einen erleichterten Zugang zu existentiellen Grundlagen verschaffen. Eine fortschreitende Technologie maximiert hierbei bisher allein die Effizienz der Ausbeutung ihrer Energie.

Das ethische Schreckgespenst der Ausbeutung durch Naturzerstörung, Kolonialismus oder Lohnsklaverei ist ungebrochen aktiv. Es hat durch die vergangenen Jahrhunderte zwar seine Maske gewechselt und seine Methoden verfeinert, aber es hat nichts von seinem Elan verloren. Ganz im Gegenteil.

Der technologische Fortschritt macht die Ausbeutung von Natur und Organismen effizienter denn je. Und er vertieft sämtliche Gräben zwischen Mensch und Natur, Mensch und Mensch, Mensch und eigener Psyche.

Das ethische Schreckgespenst der Ausbeutung kann und wird nicht verschwinden, solange noch Ressourcen existieren, die individuelle Interessen, Begehrlichkeiten und Ansprüche wecken.

Dass diese individuellen Interessen wach bleiben, sichert und unterstützt paradoxerweise zugleich den Fortbestand einer menschlicher Ethik, die nicht verstehen will, dass ihre zivilisatorischen Errungenschaften lokal begrenzt und exklusiv sind. Sie lassen sich nicht an jene Orte der Ausbeutung exportieren und dort implantieren, woraus sie gewonnen sind. Und sie lassen sich deshalb nicht dorthin exportieren und implantieren, woraus sie gewonnen werden, da lokale Gesellschaftssysteme auf *Konzepten von Identität* beruhen.

Der kulturelle Kontext lokaler Gesellschaftssysteme gibt dem heranwachsenden Individuum das entscheidende emotionale Motiv einer Selbstbegegnung, die seine familiäre Sozialisation und sein späteres Verhalten in jedem Kollektiv bestimmt.

Lokale Gesellschaftssysteme können sich daher nicht annähern und verbinden, solange ihr kultureller Kontext im Individuum keine emotionale Übereinstimmung einer jeweiligen Identität erzeugt.

Zivilisation, Demokratie, Zivilgesellschaft, persönliche Freiheit und sämtliche Begriffe, die menschliche Ideale darstellen, sind nicht errichtet auf Moral, Ethik oder der Überzeugung in die Richtigkeit gemeinsamer Werte. Diese *heiligen Kühe des Humanismus* sind nur der positive Nebeneffekt für eine menschliche Minderheit. Sie sind immer erkauft durch Ausbeutung, globales Elend und energetische Ineffizienz.

Zivilisation und Demokratie sind nach wie vor errichtet auf der Ausbeutung natürlicher Ressourcen, auf der Ausbeutung unorganisierter Gesellschaften, unterentwickelter Strukturen und Menschenmassen, die durch Manipulation oder aus Zwang zur Teilnahme an dieser Ausbeutung ihr eigenes Elend forcieren.

Die Umverteilung des Weltvermögens und die extreme Massenarmut, die einhergehen mit einer Zunahme an Störungen im Makro- und Mikrokosmos im System Erde, beweisen nur den anarchistischen Output, den die Uneinigkeit menschlicher Führung produziert.

Moral oder Ethik, dazu Ästhetik oder Luxus sind hier nur die exklusiven Möglichkeiten, die sich durch Ausbeutung ergeben. Sie sind einerseits Voraussetzung zur Gewährleitung einer menschlichen Organisation, andererseits notwendige Mittel zur Manipulation.

Diese Manipulation macht sämtliche Menschen gleichermaßen zu Tätern wie Opfern, wenn auch in unterschiedlichen Abstufungen.

Die menschliche Falltür zur Hölle war schon immer getarnt als Eingang ins Paradies.

Denn der verführerische Gedanke von Reichtum, Luxus und Status ist für die menschliche Mehrheit noch zu groß, um ihm zu widerstehen.

Das emotionale Motiv, das die Unveränderlichkeit von individuellem Selbstwert aufzeigt, bedarf einer mühsamen Reflexion. Und selbst äußere Umstände wie persönlicher Wohlstand oder Elend erleichtern in keiner Weise die Einsicht und vor allem die Umsetzung von persönlichem Verzicht.

Dass das größte und beste Stück, das das Individuum zur Vergrößerung seines Selbstwerts verschlingt, erst den vielen Übrigen und dann der Gesamtheit, einschließlich dem Individuum selbst, im Halse stecken bleibt, versteht sich von selbst. Nicht umsonst baut der Reichtum der Wenigen auf dem Elend der Vielen, die sich durch ihre Begehrlichkeiten und Ansprüche ebenso emotional verführen lassen und an ihrem eigenen Elend schuldig machen, wie ihre Verführer selbst.

Auf diese Art bewirkt alles, was Begehrlichkeiten und Ansprüche weckt, was als ideologisch oder materiell angenehm, attraktiv oder erstrebenswert gilt, zugleich die Vertiefung von Elend oder Verdrängung organischer Kontradiktion.

Warum ist in diesem Zusammenhang die Rede von organischer Kontradiktion?

Ursache von Verführung und Elend sind auch hier nichts anderes als eine individuelle Identität, die sich lediglich auf kollektiver Ebene bewegt. Es ist eine Bewusstseinsform, die sich in der ständigen Wechselbeziehung von Logik, Instinkt und Emotion äußerst.

Während ihr logischer Anteil zu Organisation führt, sorgt ihr emotionaler Anteil für eine Manipulation, die wiederum zu Organisation wird. Der instinktive Anteil hierbei bleibt ambivalent.

Die Zusammenhänge sind offensichtlich.

Logik, Instinkt und Emotion pushen sich gegenseitig, und sie pushen das menschliche Individuum, das in seiner energetischen Ineffizienz lokalen Wohlstand und hiermit zugleich globales Elend hervorruft.

Wir wiederholen:

Das Wissen organischer Kontradiktion, jenes Bewusstsein vom Tod durch Selbsterhaltung, führt durchs Festhalten an einer individuellen Identität zur Expansion des Egos, das wiederum eine Verdrängung organischer Kontradiktion bewirkt.

Die Schattenseite der Zivilisation, Umweltzerstörung, Krieg und Hunger, sind kein bewusster Akt, sondern der negative Nebeneffekt der massiven Ausbeutung und Nutzung latenter Energie.

Aber die anhaltende Nichtbeachtung der Folgen dieser Ausbeutung, die in Massenmigration und Klimawandel immer offener zutage treten, zwingen die Zivilisationen zum allmählichen Handeln.

Wie Elend, entstanden durch kollektive Ausbeutung und individuelle Begehrlichkeiten, bildet auch Wohlstand kein geschlossenes System. Selbst wenn sich die zivilisatorische Exklusivität hinter sichtbaren, wie unsichtbaren Mauern verschanzt, ist nicht sicher.

Mobilität durch Technologie, vor allem erdacht, um die Ausbeutung von Organismen und natürlichen Ressourcen zu maximieren, verringert inzwischen die räumliche Distanz zwischen beiden Systemen. Die ansteigende Fluktuation zwischen Elend und Wohlstand lässt sich im 21. Jahrhundert durch die Verfahren eines globalen Kapitalsystems nicht mehr aufhalten.

Das Schreckgespenst der Ausbeutung agiert nicht mehr lokal. Die gleiche Globalisierung und Digitalisierung, die lokalen Wohlstand vergrößern, haben es mobil und global gemacht. Es ist direkt vor uns, sitzt im Internet und wird aktiv mit jedem Klick, ganz gleich wo auf dem Globus wir uns gerade befinden.

▶ ICH ‚IST' WIR

Es ist wahr: Geld ist Macht. Aber was ist Macht?
Macht ist der Irrglaube der Kontrolle über organische
Existenz, gewährleistet durch finanziellen Einfluss.
Aber niemand hat Macht über die Natur.
Du kannst die Natur oder organische Welt nicht be-
herrschen. Du kannst ihren Fluss, ihre Erscheinungen
und Veränderungen verzögern, aber du kannst sie
nicht aufhalten. Die Autodynamik der Evolution geht
durch alles. Du kannst Macht nicht essen, trinken oder
atmen. Du kannst durch Geld Macht ausüben, indem du
zuvor die Umwelt vergiftet hast. Aber Dir muss klar
sein, dass Du dich selbst vergiftet, wenn du essen, trinken und einatmen musst, was du zuvor vergiftet hast.
Natürlich kannst Du dich mit deiner Macht länger
selbst erhalten als andere. Du kannst sauberes Wasser,
Nahrung und Sauerstoff kaufen. Aber auch Du wirst
sterben. Und dazu in einer Welt, die auch Dir keine
Freude mehr macht.
Dies alles ist wahr. Aber was bedeuten diese Wahrheiten für den menschlichen Organismus?
Sie bedeuten seine organische Voraussetzung.
    Die menschliche Zivilisation ist in einem ideologi-
schen Umbruch. Sie kann das menschliche Individuum, das keine Grenzen kennt, nicht weiter über ihre
Gemeinschaften hinauswachsen lassen. Daher bricht
sie mit ihrer Expansion, schafft Grenzen im individuellen Umgang mit Energie und öffnet das gesellschaftliche Bewusstsein für die Kooperation von Organismus und Umwelt.
Sie öffnet dieses Bewusstsein als wechselseitige Reaktion auf gesellschaftlicher und staatlicher Ebenen. Sie
verordnet die Veränderung ebenso von staatlicher Seite, wie diese *Verordnungen zur Veränderung* zuvor
durch gemeinschaftliche Impulse anstoßen werden.
    Die Gegenwart von nichtstaatlichen Organisationen
wie Greenpeace, Attac, Human Rights Watch und anderen bestätigen, wie die Forderungen zur bewussten
Verhaltenskorrektur des menschlichen Individuums
kollektive Formen annehmen, die von den Regierungen und ökonomischen Kontrollorganen unserer Zivilisationen nicht auf Dauer ignoriert werden können.

▶ DAS GESCHLOSSENE ZEITFENSTER

Der Glaube an eine menschliche Bestimmung ist keine gedankliche Phantasterei. Er ist real. Und er ist real im Sinne einer praktischen Umsetzung, die eine energetische Effizienz der menschlichen Spezies als notwenigen Schritt zum Schutz ihrer existentiellen Voraussetzung und Erhaltung beachtet.

Wir existieren nicht als separate Individuen oder separate Spezies. Wir existieren gemeinsam. Wir existieren durch andere und hängen voneinander ab.

Es gibt keinen anderen Weg für menschliche Existenz als die Existenz durch eine Gemeinschaft, die ihre Verantwortung aus dem Wissen gegenseitiger Abhängigkeit gewinnt und die ökologische Kooperation zu ihrer Direktive macht.

Konkret: die menschliche Bestimmung ist nicht die Expansion einer energischen Ineffizienz. Sie kann das organische Komplement nicht verdrängen. Es ist ihre organische Identität und energetische Reintegration in die Ökosysteme unseres Planeten.

Die persönliche Selbsterhaltung kann nur erfolgen durch die Selbsterhaltung einer Gemeinschaft, die sich alleine erhält, indem sie ihre individuelle Identität und energetische Ineffizienz ablegt.

Somit gibt es kein vernünftiges Argument, das der Selbsterhaltung der menschlichen Gemeinschaft und deren erforderlichen Maßnahmen zur Selbsterhaltung standhält.

Noch einmal: wir müssen keine Umwelt mehr retten. Wir haben längst genug zu tun, um uns selbst zu retten. Aber wir können uns nicht selbst retten. Wir retten uns nur gegenseitig, durch Veränderung unserer Selbstbezüge und unserer Identität.

Unsere archaische Vorstellung persönlicher Selbsterhaltung durch Beanspruchung einer individueller Identität hat ausgedient. Der anarchistische Individualismus ist Vergangenheit. Das globale Kapitalsystem des 21. Jahrhunderts hat ihn durch ihre Massengesellschaften über die Grenze seiner energetischen Verfügbarkeit und ökologischen Verträglichkeit geführt. Die Identität des Individuums ist ökonomisch ausgereizt.

Von nun an braucht es zum menschlichen Überleben die unpersönliche Identität der Gemeinschaft.

Das Zeitfenster der Ökosysteme schließt sich unwiderruflich, verschiebt die kollektiven Rahmenbedingungen, lässt den menschlichen Modi aus Energieumwandlung, Produktion, Konsum und Reproduktion keinen individuellen Spielraum mehr.

Erst hier öffnet sich wieder der Blick für die existentiellen Grundbedingungen, werden die notwendigen Maßnahmen zur gemeinsamen Selbsterhaltung unumgänglich.

Wir fragen daher: Was ist die wichtigste Frage, die ein einzelner Mensch sich stellen kann?

Eine mögliche Antwort: Wie kannst du selbst das menschliche Zusammenleben erhalten, erträglicher gestalten und somit möglicherweise verbessern?

Der erste Schritt zur Antwort besteht nicht in der eigenen Geisteshaltung und Verhaltensänderung gegenüber anderen Menschen. Er besteht in einer ständigen Überprüfung der eigenen Geisteshaltung und Verhaltensänderung gegenüber sich selbst.

Ein einzelner Mensch kann die Geisteshaltung und folglich das Verhalten seiner Mitmenschen nur dann verändern, wenn er begreift, dass seine eigene Existenz sich auswirkt aufs gesamte System. Er kann diese Welt nur verändern, wenn er nicht nur weiss, dass sein eigenes Verhalten tatsächlich ins Gewicht fällt, sondern dieses Wissen im täglichen Leben auch zur praktischen Anwendung bringt.

Denn es ist der Zustand der Zelle im Organ, die den Zustand des Organs und letztlich den Zustand des Körpers bestimmt.

Was der einzelne Mensch also gezielt tun kann, um das menschliche Zusammenleben zu verbessern, wird deutlicher, sobald der eigene Körper dem eigenen Geist vorsteht.

Die Revision der eigenen Existenz durchs Wissen körperlicher und existentieller Grundbedingungen, die zu persönlicher Verhaltensänderung führt, führt automatisch zur Verhaltensänderung anderer Menschen.

Die singuläre Zelle agiert immer im Verbund, sie beeinflusst sich gegenseitig und richtet ihre Funktion nach der Funktion des Verbunds.

Im Klartext: der einzelne Mensch bildet das Zünglein an der Waage seiner gesamten Spezies. Er ist der Anfang und das Ende seiner eigenen Handlungskette, die sich in seiner Spezies fortsetzt und widerspiegelt.

Das geschlossene Zeitfenster der Ökosysteme fordert von unseren Zivilisationen die nötige Unterstützung zur individuellen Revision. Der Inhalt der Botschaft, die ins menschliche Individuum muss, ist unmissverständlich:

Deine Existenz hat Konsequenzen -
Für dich, Für andere, Für alle!

Wir wissen, der Abstand zwischen einer Generation, die noch heute Benzin zapft und einer anderen, die bereits morgen für Nahrungsmittel ansteht, ist zu kurz für eine sachte Angleichung menschlicher Ansprüche an ihre bevorstehenden Defizite.

Wir erleben gegenwärtig die letzten Generationen menschlicher Organismen, die sich noch widerstandslos an ihrer individuellen Identität ausrichtet.

Aber das Diktat eines globalen Kapitalsystems, das die anarchistischen Impulse des menschlichen Individuums über jedes ökologisch vertretbare und verträgliche Maß hebt, kommt mit den ökologischen Rückschlägen der kommenden Jahrzehnte zu einem Ende.

An seine Stelle tritt ein politisch rigides System der ökologischen Notwendigkeiten, in der das menschliche Individuum seinen ökonomischen Zweck völlig neu definieren muss.

Die Natur beendet das globale Kapitalsystem.

Der menschliche Organismus von Morgen hat nicht mehr die Freiräume seiner heutigen Generation. Seine Werte, Kulturen, Traditionen und menschliche Ethik werden sich aus Not zur Selbsterhaltung völlig verändern. Und dies bis zur Unkenntlichkeit.

▶ EIN WORT: ‚UMWELT'

Umwelt? Was ist das oder was soll das sein?

Die Sprache und ihre Worte verraten durch ihre verschlüsselten und abstrakten Begriffe immer mehr, als ihre Erfinder über sich selbst oder ihre Nutzer wissen.

Wie oft hören oder lesen wir vom *Begriff der Umwelt*, lesen von den Gefahren einer Verschmutzung der Umwelt, hören von den drohenden Veränderungen der Umwelt. Aber was sagt uns dieser Begriff: Umwelt? Oder besser, was verraten solche Begriffe eigentlich über unser Selbstbild?

Die Welt, die den menschlichen Organismus umgibt, ist die Natur in ihrer Gesamtheit. Es ist keine Welt der Ergänzung oder kein Ort der Begegnung für einen einzelnen Organismus.

Wir sind Organismen, bestehen aus der funktionalen Kooperation jener Chemikalien und biochemischen Verbindungen, die uns umgeben - aus Verbindungen von Wasser, Kohlenstoff, Stickstoff und Sauerstoff.

Daher gibt es nichts, was zwischen dem Inneren und Äußeren unserer Haut, zwischen unserer Atmung und der Gesamtheit der organischen Welt steht.

Unser Erlebnis als autonome Einheit kann nicht bestehen gegen die organische Verbindung, die ihre Funktionalität durch unsere Reproduktion lediglich flexibel und effizient hält.

Die Anmaßungen der menschlichen Umgangssprache drücken aus, wie der menschliche Organismus teils bewusst, teils unbewusst tickt.

Noch schlimmer, weil sprachlich anmaßender, wird das Ganze, sobald wir von *unserer Umwelt* sprechen. Das besitzanzeigende Fürwort drückt exakt das erdachte Besitzverhältnis aus: Unsere Umwelt!

Die Umwelt, die uns umgibt gehört uns oder zu uns.

Wir stehen also im Zentrum einer Welt, die eine separate Geisteshaltung hervorruft. Eine Separation zwischen uns und einer Welt, die uns angeblich umgibt. Wir, der menschliche Organismus und die Natur in ihrer Gesamtheit werden geteilt. Aber der menschliche Organismus, der sich bereits durch seine sprachlich Separation hervorhebt, stellt sich durch sein gelebtes Selbstbild erst recht ins mentale Abseits.

Dass die Natur uns nicht umgibt, sondern wir als einzelne Spezies nur eine Randerscheinung bilden, wird durch eine unzureichende Bewusstseinsform menschlicher Gedanken und Sprache nachhaltig unterdrückt.

Was wir hier erleben ist, wie die Geisteshaltung hinter unserer Sprache, unseren Worten und verschlüs-

164

selten Begriffen ständig unsere Weltanschauung indoktriniert und somit erfolgreich ein tieferes Verständnis für die mentale Einheit von Organismus und organischer Welt verhindern.

Daher verdeutlichen sämtliche Bezeichnungen, die den Begriff der Umwelt tragen nur die Entfernung des menschlichen Organismus zwischen seinem Inneren und Äußeren.

Der Begriff Umwelt ist ein einziger Unfug. Worin immer der Begriff der ‚Umwelt' enthalten ist, haben wir es zu tun mit einer geistigen Mogelpackung. Umweltschutz? - Umwelthilfe? - Umweltministerium?'

Die korrekte Bezeichnung für eine Natur, deren temporären Bestandteil wir bilden, statt deren Mittelpunkt, lautet nicht Umwelt. Sie lautet organische Welt.

Die Natur braucht keinen menschlichen Beistand und Schutz vor menschlichem Fehlverhalten. Sie ist kein hilfloses Pflänzchen.

Wer oder was hier Beistand oder Schutz braucht, ist einzig der menschliche Organismus. Er braucht den Schutz vor sich selbst, seinem Fehlverhalten und dessen Auswirkungen, den Schutz der biologischen Substanzen, aus denen sich seine funktionale Einheit als Organismus bildet.

Umweltschutz ist tatsächlich Menschenschutz.

Der Begriff einer o*rganischen Welt* oder die Bezeichnung *Organ*, statt Umwelt, rückt das Verhältnis vom Schutz des menschlichem Organismus vor seiner kognitiven und somit zellulären Fehlfunktion sowie seiner Abhängigkeit vom Organ somit nachhaltig ins rechte Licht.

Sprache ist Erziehung.

Ein Kind lernt seine Sprache von seinen Eltern und übernimmt deren Sprache, samt der verschlüsselten Begriffe, die stets eine (unbewusste) Geisteshaltung ausdrücken. Umso schwerer findet sich später der Schlüssel, der das menschliche Bewusstsein für eine mentalen Einheit mit der Gesamtheit der Natur öffnet.

Der menschliche Organismus *denkt* in Worten. Jeder Gedanke, der zu Sprache wird, entspringt einer unbestimmten Bewusstseinsform, die erst bestimmbar oder ersichtlich wird durch seine verwendeten Begriffe.

Sprache ist Manipulation.

Sie manipuliert ebenso ihren Redner wie ihren Zuhörer. Ein Gedanke, der die Auswirkungen seiner wörtlichen Begriffe durch den allgemeinen Sprachgebrauch nicht zuvor umfassend betrachtet, führt zu einer falschen oder unzureichenden Geisteshaltung, die nicht versteht, was sie deutet.

Die Gedankenlosigkeit von Gedanken, die wörtliche Begriffe unbedacht in eine leichtgläubige und gedankenlose Welt werfen, sind immer das erste Hindernis, das einer Veränderung menschlicher Bewusstseinsform und Verhaltensweisen im Wege steht.

Der Gedanke ist ein mentaler Akt, ein Impuls mit komplexem Verlauf, der Inneres und Äußeres verknüpft. Er reflektiert ein unvollständiges ‚Etwas', das zu Sprache wird. Aber dieses ‚Etwas' hat nicht das physische Werkzeug um sich selbst zu entschlüsseln und seinen praktischen Gehalt für die existentielle Wirklichkeit des menschlichen Organismus zu prüfen. Denn jeder Begriff durch Worte ist geteiltes und duales Abbild von Vorstellung und nicht mehr unteilbares und definitives ‚*Ding an sich*'[9], das nur in Schweigen besteht und bestehen kann.

Der unwissende Geist, in seinem Gedanken als autonome Einheit bereits separiert vom Zusammenhang zwischen Körper und organischer Welt, bringt organische Separation.

Erst sein Wissen der grundlegenden Verbindung von Körper und organischer Welt, lässt ihn revidieren, was er in seiner erdachten Autonomie bisher unzureichend beurteilt hat.

▶ DER ZEIT VORAUS

Was ist Zeit?

Zeit ist ein Phänomen struktureller Ordnung.

Ihre Struktur beschreibt die Bewegung von existentieller Wirklichkeit im Raum. Sie beschreibt jede Bewegung und somit jede Veränderung an existentieller Wirklichkeit im Raum. Daher verändert Zeit nicht nur jeden Raum, sondern ordnet und gestaltet auch die existentiellen Bedingungen für jeden Raum.

Was immer existiert oder in ein geschlossenes System eintritt, unterliegt folglich solange den Veränderungen der Zeit, bis es das jeweilige System wieder verlässt.

Wir können daher sagen: Die gleichförmige Abfolge der Zeit strukturiert die Bewegung im Raum und dessen existentiellen Bedingungen. Die Bewegung, die existentiellen Bedingungen und Wirklichkeiten verändern sich, der Raum selbst verändert sich. Aber ihre strukturelle Ordnung bleibt immer bestehen.

Da Existenz stets Zeit unterliegt und alles, was im Raum erscheint wieder daraus verschwindet, diktiert die gleichförmige Abfolge der Zeit die unveränderlichen Spielregeln für das Zusammenwirken von Raum, Bewegung und Existenz sowie deren Bedingungen und Wirklichkeiten.

Der Lauf der Dinge lässt sich nicht aufhalten.

Der Lauf ist Zeit, die Dinge ihre bewegten Erscheinungen im Raum. Da der Lauf durch die Energie des Urknalls bewegt ist, sind es die Dinge, die der energetischen Nachwirkung des Urknalls folgen.

Eine existentielle Wirklichkeit kommt nicht in ein System, um dort zu bleiben. Sie kommt, um dieses System zu verändern. Und sie verändert dieses System für eine andere existentielle Wirklichkeit, die wiederum verdrängt wird.

Was auf kurze Zeitabstände betrachtet für ein System im Zweifelsfall erhalten bleibt, ist also nur die existentielle Grundbedingung einer jeweiligen Existenzform.

Wir erinnern uns: Bewegung im Raum ist Zeit und schafft daher Veränderung im Raum. Zeit, hervorgerufen durch Bewegung im Raum, verändert daher nicht nur die Dinge im Raum, sondern auch die Bedingungen für jede Bewegung durch den Raum.

Das Argument der Gewohnheit oder Tradition schlägt somit fehl gegen die Interessen einer gemeinsamen Selbsterhaltung.

Das menschliche Individuum existiert durch seinen Stoffwechsel. Sein Stoffwechsel *ist* seine existentielle Grundbedingung. Dies gilt in jeder Bewusstseinsform und jeder existentiellen Wirklichkeit. Seine Grundbedingungen liegen also in seiner Existenzform, seinem Körper. Das menschliche Kollektiv ist dieser Körper, der dem Individuum erst die Voraussetzung zu seinen existentiellen Grundbedingungen ermöglich.

Das Individuum kann sich selbst nur erhalten durch die Gemeinschaft. Es erhält sich, indem es Voraussetzung und Grundbedingungen beachtet, die eine Gemeinschaft zu ihrer funktionalen Erhaltung benötigen.

Äußere Veränderungen oder auch räumliche Veränderungen erfordern immer eine notwendige Veränderung von Verhalten. Ein Raum, der plötzlich überschwemmt ist, kann nicht mehr durchschritten werden. Man muss ihm auf andere Art durchqueren. Aber dazu bedarf es erst der Einsicht, dass der Raum sich verändert hat.

Die notwendige Verhaltenskorrektur zum eigenen Überleben kann nur erfolgreich stattfinden bei einem Individuum, das weiss, dass sein eigenes Überleben zu jedem Zeitpunkt allein am Überleben des menschlichen Kollektivs hängt.

Ein menschliches Individuum, das aus emotionalem Unvermögen nicht einsieht, dass der zuvor freie Raum jetzt voller Wasser steht, kann auch sein eigenes Verhalten nicht ändern. Es hängt nicht nur an einer individuellen Situation der Vergangenheit. Es hat auch zuvor nicht begriffen, dass sein eigenes Überleben allein am Kollektiv hängt.

Die Zeit geht über dieses Individuum hinweg. Es kann nicht überleben. Es wird ertrinken oder aus Scham zugrunde gehen.

Der Zeit voraussehen bedeutet auch immer den notwendigen Veränderungen im kollektiven Verhalten, der gegenwärtigen Gemeinschaft und unmittelbaren Umgebung vorausgehen. *Voraussehen - vorausgehen.*

Die Bewegung im Raum muss ohnehin durch die Zeit. Ihre Autodynamik verändert den Raum automatisch. Aber der Grad der Auswirkungen, den die Veränderung bringt, kann gesteuert werden. Sie kann und wird gesteuert durch kollektive Reformen.

Das Individuum kann sich der unvermeidlichen Bewegung der Veränderung nur angleichen.

Wir sagen unvermeidliche Bewegung, da die Erhaltung der menschlichen Gemeinschaft eine ständige Verhaltenskorrektur des Individuums erfordert.

Die Einschränkungen der organischen Welt, die den menschlichen Organismus bereits betreffen und auf

ihn zukommen, erfordern eine zwingende Verstärkung der gegenseitigen Ergänzung und organischen
Kollektivierung - zum eigenen Überleben.

Die Weigerung des Individuums zur Angleichung an
die unvermeidliche *Kollektivbewegung* im Raum
(auch die persönliche Verhaltenskorrektur durch zeitliche Veränderung des Raums), stellt dieses Individuum immer gegen seine eigene Selbsterhaltung durch
die Gemeinschaft.

Je mehr das Individuum nicht nur die notwenigen
Veränderungen seiner Gemeinschaft akzeptiert, sondern auch unterstützt, umso größer ist seine Chance
zur persönlichen Selbsterhaltung.

Das menschliche Individuum muss begreifen: es gibt
keinen Unterschied zwischen ihm und dem menschlichen Kollektiv, sowenig, wie zwischen diesem Kollektiv und der organischen Welt. Das Individuum steht
ebenso fürs Kollektiv, wie das Kollektiv synonym für
die organische Welt oder das Individuum selbst.

Zelle, Organ und Körper - jede organische Existenz im
planetarischen Organismus erfordert zu ihrer Selbsterhaltung eine funktionale Angleichung ans Diktat
holistischer Rahmenbedingungen.

Dies ist der Weg menschlicher Bestimmung, der einzige Weg, um den menschlichen Organismus (etwas länger) im Spiel der Evolution zu halten.

▶ DAS ZUKÜNFTIGE SYSTEM

Wenn wir aus einem x-beliebigen Stadtfenster sehen,
sehen wir Häuser, Straßen, Menschen. Aber was sehen
wir wirklich? Die Gegenwart?

Wir sehen die Vergangenheit. Wir sehen das letzte Zu-
cken einer individuellen Ära, die durch ihre technologische Rasanz und gesellschaftliche Fluktuation ihrem
nahen Ende entgegenrennt. Und wir sehen, wie die
Digitalisierung in jedem Lebensbereich die Ausrichtung der menschlichen Identität mittels künftiger Generationen verändert.

Die Digitalisierung verändert die menschliche Identität
durch ihre maximale Rationalität. Sie verändert sie

nicht direkt und schlagartig, aber langsam und gründlich - durch ihre fundamentalen Einflüsse auf die frühkindliche Sozialisation künftiger Generationen. Ihre Effizienz wird die energetische Ineffizienz des menschlichen Individuums senken, indem sie ihm unbewusst seine primäre Funktion, seine Existenz als Energieträger, suggeriert. Dazu wird sie das Individuum in ein rigides System integrieren, das ihm durch die Veränderung seiner Sozialisation überhaupt nicht bewusst wird. Das Individuum wird das Ende seiner Wahlfreiheit und umfassenden gesellschaftlichen Kollektivierung nicht bemerken.

Die Zeit, in der das menschliche Ego zum Zweck einer exzessiven Selbsterhaltung gepusht wurde, ist unwiderruflich vorbei. Denn dieser Zweck verfolgt kein Ziel, das *im eigenen Sinne* tragbar ist.

Die individuelle Freiheit und vermeintliche Selbstbestimmung des Menschen enden. Und sie enden aus der Unvernunft, dem emotionalen Unvermögen und mangelhaften Selbstverantwortung des Individuums.

In diesem Zusammenhang ist immer häufiger die Rede von den wahrscheinlichen Veränderungen und Einschränkungen der menschlichen Selbstbestimmung, die eine Erfindung wie *künstliche Algorithmen* mit sich bringen. Wohin diese künstlichen Algorithmen und ihre Einschränkungen tatsächlich führen, lässt sich leicht voraussagen, wenn man ihren wachsenden Einfluss auf Gesellschaftssysteme beobachtet, die menschliche Entscheidungen vorwegnehmen, einheitliche Standards festlegen und eine menschliche Spezialisierung vorantreiben.

Wir wissen: Das Ende menschlicher Selbstbestimmung ist beschlossene Sache. Die eigenständige *Intelligenz* künstlicher Algorithmen, finales Ziel einer globalen Digitalisierung, wird durch ihre maximale Rationalität die Steuerung und Kontrolle über menschliche Energieumwandlung und Produktion, Konsum und Reproduktion übernehmen. Sie wird die energetische Ineffizienz des Individuums zwar beseitigen, aber dafür eine *numerische Ineffizienz* errichten.

Was wir hier meinen betrifft den reduktionistischen Modus digitaler Rationalität.

Eine künstliche Intelligenz ist unfähig zur Umsetzung biologischer Synergie. Ihre mathematische Präzision schlägt fehl gegen das Phänomen der Emergenz[20], das evolutionäre Algorithmen bewirken:

$$2 + 2 \neq 4$$

Synergie funktioniert:

$$2 + 2 > 4$$

Das Problem der künstlichen Algorithmen ist nicht ihre Quelle wie beim menschlichen Organismus. Es ist ihr Verlauf, der das Zusammenwirken ökologischer Komponenten und deren Autodynamik nicht korrekt berechnen kann.

Denn *Evolution ist nicht berechenbar.*

Eine Intelligenz, die bereits mit maximaler Rationalität agiert, kann sich durch seine rigide Ausrichtung nicht mehr entwickeln oder auf evolutionäre Veränderungen instinktiv reagieren. Sie bewirkt Stagnation.

Ihre Versuche zu Problemlösungen bestehen in einer Veränderung der Methode, aber nicht in einer Revision ihrer Grundlage, die etwas Bestimmtes als Problem identifiziert.

Die Autodynamik der Natur duldet keine Stagnation und geschlossenen Zustände. Sie wird die geschlossene Zukunft, die künstliche Algorithmen bringen, wieder öffnen. Die Natur hat eine Fähigkeit, über die kein synthetisches System je verfügen kann.

Sie ist *in sich* vollkommen reversibel. Sie kommt durch sich selbst, wirkt durch sich selbst und geht durch sich selbst. Eine höhere Vernunft als durch evolutionäre Algorithmen ist durch kein anderes System realisierbar.

Die Idee der Ideen

▶ Der Weg zum Weltkörper

Die ewigen Wahrheiten des menschlichen Organismus sind unbedeutend gegenüber den Wahrheiten seines Stoffwechsels, seiner Atmung oder Verdauung. Hier endet, was der menschliche Geist in seinen Selbstbezügen und mithilfe seiner dürftigen Vernunft als ewige Wahrheiten seiner Existenz definiert hat.

Ethik, Moral ... Der Tag, an dem die heiligen Kühe der menschlichen Zivilisation aus *Not zur Selbsterhaltung* in den Kochtöpfen des Pragmatismus landen, ist nicht mehr fern.

Der menschliche Geist kann auf Dauer keine Freiheit praktizieren, die dem menschlichen Individuum eine Selbstbestimmung erlaubt, deren Verantwortung und Konsequenzen es aus emotionalem Unvermögen nicht tragen kann. Dieser Geist muss und kann zur Selbsterhaltung des menschlichen Organismus nur von seinem Selbstbild und seinen Vorstellungen ablassen.

Denn weder seine individuelle Fähigkeit zur rationalen Analyse, noch sein emotionales Erlebnis ändern die biologischen und instinktiven Mechanismen, denen er unterliegt.

Das Prinzip des Guten ist daher keine Idee des menschlichen Geistes. Es ist nicht dessen Glaube an die Einmaligkeit von menschlicher Existenz. Es ist nicht dessen Trotz gegen die Abhängigkeit von einer Natur, die ihn stets die Irrationalität seiner emotionalen Motive ignorieren lässt. Und es ist folglich nicht der Gedanke einer individuellen Existenz, der das menschliche Streben immer wieder von Generation zu Generation auf emotionales Unvermögen baut.

Das Prinzip des Guten ist die Idee des kollektiven Körpers. Ein Körper, der die funktionale Abhängigkeit von seinen existentiellen Grundbedingungen rational analysiert hat, seine Identität in die organische Welt integriert und daher selbstverantwortlich handelt.

Diese *Selbstverantwortung des Körpers* bildet zugleich die Basis zur untrennbaren Verantwortung für die organische Welt, in der jeder Organismus zwangsläufig existiert. Die Stoffkreisläufe im System Erde sind das Zentrum, das die Funktionalität von Organismus und organischer Welt in jedem Augenblick von innen nach außen und wieder nach innen kehrt.

Die Zelle erkennt instinktiv das Organ, das den Körper am Leben hält. Ihre gegenseitige Ergänzung ist die gemeinsame Kooperation, die den gesamten Organismus am Leben hält.

Menschliche Zivilisation und Fortschritt können in den kommenden Jahrhunderten nur überleben durch eine schnellstmögliche Anpassung von menschlichem Verhalten an die ökologische Vernunft, die das System Erde steuert.

Der menschliche Wille zur gemeinsamen Lösung von Konflikten, die aus menschlicher Interaktion entstehen, kann nicht zu dauerhafter Vernunft führen, solange der menschliche Geist durch seine Illusion der Autonomie auf seine individuelle Identität besteht und das organische Kollektiv hiermit separiert.

Solange Konflikte zwischen menschlichen Interessengruppen den Hauptantrieb menschlicher Handlungen bilden, solange verhindert die menschliche Wahrnehmung das Bewusstsein für den tatsächlichen Konflikt, der im Verhältnis des menschlichen Organismus mit der organischen Welt besteht.

Es ist dieser Konflikt, der die Handlungen des menschlichen Organismus bis heute antreibt und ihm dennoch verdeutlicht, wie dieser Konflikt allein durch emotionalen Abstand und eine Abkehr von persönlichen Motiven beendet werden kann.

Wir brauchen eine tiefgreifende Revision unserer Identität und eine gründliche Neugestaltung unserer Selbstbezüge. Allein aus Eigeninteresse.

Die grundlegende Nutzung erneuerbarer Energien, die Geburtenprävention und ein pfleglicher Umgang mit sämtlichen Organismen sind die nächsten und entscheidenden Schritte für menschlichen Fortschritt und Zivilisation.

Ein Misslingen dieser Schritte ist gleichbedeutend mit einem Rückfall in unzivilisierte Strukturen und einer weiteren Verzögerung der menschlichen Bestimmung.

Die Verwirklichung einer bewussten kollektiven Identität des menschlichen Organismus und deren Angleichung an die energetische Effizienz der Ökosysteme ist und bleibt das unumgängliche und finale Ideal, dem unsere gemeinsamen Anstrengungen gelten.

Es ist dem menschlichen Organismus nicht möglich den Auftrag der Vernunft abzulehnen.

Denn Wissen verpflichtet. Und das Wissen vom Unterschied zwischen richtigem und falschem Verhalten, die dem Auftrag der Vernunft stets vorausgehen oder ihn verhindern, verpflichtet im jeweiligen Kontext zum richtigen Verhalten.

Das menschliche Individuum, das seine Zivilisation behalten will und ihre konstruktive Fortentwicklung wünscht, muss daher früher oder später komplett auf Linie - um seiner selbst willen.

▶ INTEGRATION

Man sagt Gleichheit und Freiheit schlössen sich gegenseitig aus. Man sagt, dass ein kollektivistisches System den individuellen Freiraum begrenze.

Die menschlichen Erfahrungen radikal-politischer Systeme des 20. Jahrhunderts, wie Faschismus oder Kommunismus, bestätigen zweifellos die Richtigkeit dieser Behauptung. Aber ihre Richtigkeit ist nicht gleichbedeutend mit dem Recht zur bedingungslosen Verteidigung einer individuellen Freiheit, die sich auf eigene Kosten über eine kollektive Gleichheit hinwegsetzt.

Die Freiheit des menschlichen Individuums, das in der bloßen Anzahl der menschlichen Mehrheit seine exzessive Selbsterhaltung über seine Eigenverantwortung und Fähigkeit zur Mäßigung stellt, tötet jeden und alles. Vor allem sich selbst.

Sie tötet sich selbst, da sie über die Selbsterhaltung des eigenen Organismus hinausgeht und durch ihre individuellen Begehrlichkeiten und Ansprüche ihre eigenen Grundbedingungen fortwährend mit Füßen tritt.

Die Gleichheit des menschlichen Individuums ist nicht praktikabel, da sie gegen jedes bessere Wissen von individueller Identität verstößt.

Die Divergenz an menschlichen Bewusstseinsstufen und somit ihre Menge unterschiedlicher Vorstellungen finden keine einheitliche Basis in einer Geisteshaltung, die Existenz nie als unveränderliches Endresultat, sondern stets als persönliches Projekt eines veränderlichen Selbst begreifen muss.

Es ist diese Geisteshaltung der *Einbildung ins persönliche Konzept einer emotionalen Übereinstimmung*, die sich in eine organische Welt projiziert, in die sie überhaupt nicht gehört.

Der Geist kann nicht maximieren, was mit dem Körper bereits maximal ist. Denn die Existenz des Körpers ist längst das Non plus ultra menschlicher Existenz.

Die Erhaltung des kollektiven Körpers oder auch die Bewahrung menschlicher Existenz ist daher keine Sache der ständigen Optimierung menschlicher Lebensqualität oder Annehmlichkeit, die das privilegierte Individuum exklusiver Gesellschaftssysteme genießt. Es ist die allgemeine Beschränkung der exzessiven Selbsterhaltung, die das Individuum mehrheitlich betreibt und den kollektiven Körper somit zerstört.

Die Freiheit des menschlichen Individuums ist nicht praktikabel, da sie unwissentlich oder mit vorsätzlicher Ignoranz die existentiellen Grundlagen von kollektiver Existenz zerstört.

Dem Individuum und seiner Divergenz an Bewusstseinsstufen bleibt als letzte Instanz seiner Existenz ohnehin nur der funktionale Körper einer organischer Welt, der seine Gleichheit erzwingt.

In diesem Sinne ist Gleichheit nicht nur praktikabel, sondern eine unerlässliche Maßnahme.

Denn wir reden hier nicht von einer ideologischen oder ökonomischen Gleichheit, die jedes menschliche Individuum durch Gesetze an ein politisches System bindet. Wir reden von einer Gleichheit, die dem Individuum die ökologischen Grenzen seiner Existenzform setzt. Und wir reden von dieser Gleichheit, da das menschliche Individuum im frühen 21. Jahrhundert endlich an die Grenzen der energetischen Verfügbarkeit gestoßen ist, die dieser Planet bereitstellen kann.

Der anarchistische Individualismus, der sich unverändert hinter konkurrierenden Interessengruppen versteckt und sein emotionales Unvermögen als Wille einer exklusiven Gemeinschaft tarnt, hat ausgedient.

Das globale Kapitalsystem, das er errichtet hat, führt nicht zur gesellschaftlichen Vereinigung der Spezies und zum Weltkörper. Es führt in ein ökologisches Chaos, das menschliche Kollektive und Individuen letztlich komplett entsolidarisieren und zu einem totalitären Weltsystem zwingen.

Wer will hier ernsthaft behaupten, das die individuelle Selbstentfaltung beschnitten wird, indem wir künstliche Ansprüche, die eine energetische Ineffizienz bestärken, gesetzlich verbieten?

Es sind doch exakt diese künstlichen und irrelevanten Ansprüche, die durch Massenmanipulation und zum alleinigen Zweck der Gewinnmaximierung die energetische Ineffizienz und absehbare Beschränkung individueller Freiheit erst hervorrufen. Mag diese Maximierung durch Erschaffung von Zivilisation und Fortschritt bis ins 21. Jahrhundert ihre Rechtfertigung finden. Sie kann diese Rechtfertigung nicht länger aufrechthalten, wenn sie durch ihr maßloses Wachstum und ihren Konsum, ihre ungebremste Produktion und Reproduktion die existentiellen Grundbedingungen und somit den eigenen Organismus zerstört.

Das Selbstverständnis individueller Identität weicht dem Zwang zu kollektiver Selbsterhaltung. Die informale Freiheit des Individuums weicht der formalen Gleichheit. Sie weicht, da das menschliche Individuum ohne Kooperation mit seinem Kollektiv zu keinem Zeitpunkt je überlebensfähig war, noch ist.

Die menschliche Gesamtsituation hat sich durch die technologische Dynamik der letzten Jahrzehnte drastisch verändert. Mediale Präsenz und öffentliches Bewusstsein gegenüber politischen und daher ökonomischen Veränderungen sind gewachsen. Sie sensibilisieren und intensivieren nach und nach das kollektive Bewusstsein für politische, sozioökonomische und ökologische Zusammenhänge.

Die Plattform der menschlichen Gemeinschaft hat sich durch Bürgerrechte und Zivilgesellschaft entscheidend verbreitert, um die Widerstände zwischen Individuum und Kollektiv zu objektivieren und individuelles Fehlverhalten kritisch zu beurteilen.

176

Der Chor an Stimmen, der konkrete Maßnahmen zur Veränderung menschlicher Selbstbezüge fordert, lässt sich durch sein organisiertes Fundament nicht länger ignorieren.

Dem öffentlichen Bewusstsein organisierter Gesellschaften wird daher immer deutlicher, dass individuelle Vorteilsnahme zur nachhaltigen Schädigung organischer Prozesse, menschlicher Gemeinschaft und Selbstschädigung führen.

Das menschliche Individuum des fortschreitenden 21. Jahrhunderts beginnt allmählich zu ahnen, dass die Zeit seiner individuellen Freiheiten unweigerlich abläuft. Es wehrt sich mit Händen und Füßen gegen das Ende vom alten Selbstverständnis dieser individuellen Freiheiten. Seine Mehrheit bildet Interessengruppen, demonstriert oder separiert sich von den Entwicklungen seiner Gesellschaft. Es geht in politische Extreme, versucht durch Ideologien den Grad seiner Kollektivierung möglichst zu verringern.

Am Ende wird dieses widerspenstige Individuum doch zwangsläufig kollektiviert. Denn es will weiterleben. Selbst um den Preis seiner persönlichen Freiheit, die immer auch die Vorstellung seiner individuellen Identität umfasst. Seine Ignoranz, sein Selbstbetrug oder seine Einbildung passen sich zwangsläufig den veränderten Umständen der organischen Welt an.

▶ Der Aussenkörper

Gleichheit und Freiheit schließen sich nicht gegenseitig aus. Allein der Zeitpunkt ihrer Vereinbarkeit bleibt weiterhin offen und scheint in unerreichbarer Ferne.

Der Zeitpunkt bleibt deshalb weiterhin offen, da die Frage der individuellen Akzeptanz für eigene und fremde Emotionen noch nicht die Lösung einer *kollektiven Übereinkunft in Gleichheit durch Vernunft* gefunden hat. Und sie wird durch Freiwilligkeit, unter Einbeziehung sämtlicher objektiven Tatsachen und Erfahrungen, vermutlich nie stattfinden. Denn die kollektive Übereinkunft in Gleichheit durch Vernunft ist nur möglich durch eine individuelle Willensfreiheit, die ihren Willen aus freien Stücken zerbricht. Daher werden Manipulation und Zwang den Platz einer unverantwortlichen Selbstbestimmung einnehmen. Dann wird die Verantwortung für individuelles Verhalten wird nicht mehr beim Individuum selbst liegen, sondern fremdbestimmt mittels Überwachung.

Dass eine menschliche Mehrheit nie die Verantwortung für sich selbst und ihr Verhalten tragen kann, liegt an der mehrheitlichen Verantwortungslosigkeit des Individuums. Denn erst der gebrochene Wille, der seine eigenen Widerstände erträgt, kann auch verantwortungsvoll seine persönliche Freiheit tragen.

Meister seiner eigenen Existenz sein oder *sich selbst* vorzustehen, bedeutet für ein menschliches Individuum nichts anderes als die Akzeptanz einer existentiellen Wirklichkeit, die immer außerhalb, aber nie innerhalb der eigenen Vorstellung und Kontrolle liegt.

Die Formen und zeitlichen Abläufe existentieller Wirklichkeiten können und werden menschlichen Vorstellungen und menschlicher Kontrolle nicht nachgeben.

Der menschliche Geist verändert durch seine Vorstellungen ihre Formen, er beschleunigt durch zukünftige Pläne ihre zeitlichen Abläufe. Aber diese Veränderungen und Beschleunigungen existieren nur in seiner Einbildung und nicht in irgendeiner existentiellen Wirklichkeit, in der sein Körper zu jeden Zeitpunkt steht.

Der Körper ist Instinkt. Er kennt kein emotionales Unvermögen oder keine abstrakte Logik, die seine Interaktion mit der organischen Welt verfälschen kann. Er akzeptiert jede existentielle Wirklichkeit, in der er zu jedem Zeitpunkt steht. Daher lebt er, was der Geist ständig verdrängt: eine Existenz als Organismus, die nicht über die temporäre Selbsterhaltung der Gegenwart hinausgehen kann.

Das menschliche Individuum kann nur Meister seiner Existenz werden, indem es seinen Geist (samt Vorstellungen) unter die Grundbedingungen seines Körpers stellt. Erst hier, durch instinktive Übereinstimmung mit Form und Tempo existentieller Wirklichkeit, erhält das menschliche Individuum Zugriff auf die Verantwortung über seine eigene Existenz.

Noch einmal: Ist Wahrhaftigkeit also die theoretische Basis zu einer größtmöglichen menschlichen Vernunft, ist Eigenverantwortung die Grundbedingung ihrer gelebten Praxis.

▶ ORGAN VOR ZELLE

Freiwilligkeit ist für die menschliche Mehrheit ein Fremdbegriff. Das eigene Denken zum eigenen Nutzen kann nicht verstehen, dass seine Vorstellungen an den Abläufen der organischen Welt nichts ändern. Es kann durch seine exzessive Selbsterhaltung keine emotionale Übereinstimmung finden.

Aus diesem Grund kann das eigenen Verhalten zum eigenen Wohl nicht um die Ecke persönlicher Vorteile denken. Es kann seinem eigenen Wohl durch Verzicht oder Mäßigung nicht voraussehen.

Allein die Mehrheit oder Gemeinschaft hat Macht. Aber sie ist sich dieser Macht nie vollumfänglich bewusst, sondern immer nur im Grade der persönlichen Motive, die dem Individuums zugrunde liegt und sich im Mehrheiten zu kollektiven Interessen verbinden.

Jede gesellschaftliche Veränderung beginnt daher nicht an ihrer gesellschaftlichen Spitze. Sie beginnt mit dem Druck ihrer Basis, der ihre breite Mitte zur Bewegung und zu verstärktem Druck auf ihre Spitze zwingt.

Das menschliche Individuum, das seine Freiheit durch die Gruppe oder Gemeinschaft erhält, diese Freiheit missachtet oder zu persönlichen Vorteilen missbraucht, ist sein eigener Feind. Sein Verhalten zum Schaden der Gruppe oder Gemeinschaft ist sein eigener Schaden. Selbst wenn dieser Schaden erst durch die Menge an individuellem Fehlverhalten auf kollektiver Ebene ersichtlich werden muss.

Die individuelle Ausrichtung menschlicher Gesellschaftssysteme ist längst überholt, das Individuum ein viel zu mächtiger Faktor kollektiver Selbsterhaltung, um die Absolutheit dieser Selbsterhaltung nicht durch gezielte Maßnahmen und Korrekturen zu relativieren.

Eine einzelne Zelle kann kein Organ sein. Sie ist Teil des Organs, von dem sie abhängt. Daher ist sie nicht unbedeutend, sondern das wesentliche Element zur organischen Gesamterhaltung.

Jede zivilisierte Generation an menschlichen Organismen hat nicht nur das Recht, sie hat auch die Pflicht zum Kampf für eine gemeinsame Zukunft und Bestimmung der menschlichen Spezies. Sie hat ein Recht zu einer Selbsterhaltung, die nur mittels organischer Gesamterhaltung stattfinden kann.

Was auch immer dieser gemeinsamen Bestimmung in den Weg tritt, es hält dem Glauben der menschlichen Angleichung an die ökologische Vernunft nicht stand.

Sämtliche menschlichen Handlungen und Verhaltensweisen, die sich in gesellschaftlichen Systemen ausdrücken, stehen und fallen mit der kollektiven Akzeptanz menschlicher Emotionen. Diese kollektive Akzeptanz menschlicher Emotionen muss dem emotionalen Unvermögen des menschlichen Individuums vorstehen. Indem sie das Individuum vor sich selbst schützt, schützt sie das menschliche Kollektiv.

Die Methoden, die zur Kollektivierung führen, sollten moderat bleiben. Aus Empathie. Aber dazu benötigen diese moderaten Methoden, wie jede erfolgreiche Verhaltenskorrektur, das persönliche Motiv.

Man kann eine Vielzahl von menschlichen Individuen ebenso wenig auf Dauer gewaltsam, wie gewaltlos in ein ideologisch forciertes Kollektiv zwingen und ihr eine Doktrin überstülpen, von der sie emotional nicht überzeugt ist.

Das menschliche Individuum kann nur erfolgreich kollektiviert und in den Weltkörper integriert werden, wenn folgende Faktoren eine dauerhafte Beachtung finden:

- Der Glauben in die Wirksamkeit der eigenen Emotionen muss bestehen bleiben.
- Die Gestaltungs- und Erlebnismöglichkeit der Selbstbegegnung und -entfaltung muss unangetastet bleiben.

Jede Nichtbeachtung dieser beiden Faktoren führt in jedem Fall zum Scheitern einer moderaten Form globaler Kollektivierung und Erschaffung einer organischen Identität, die energetische Effizienz ins Zentrum menschlichen Verhaltens stellt.

Die Konsequenz einer unbedingten Kollektivierung, die aus einer gescheiterten Freiwilligkeit oder Manipulation des Individuums entsteht, führt durch *die Not zur Selbsterhaltung*,von hier an in ein totalitäres System.

Das menschliche Individuum ist wie ein Chamäleon. Es wechselt beständig seine äußere Erscheinung, seinen Charakter, seine Vorstellungen, sein Selbstbild und seine Überzeugungen - allein zum eigenen Vorteil. Es lässt sich nicht packen durch Vernunft, nur durch Egoismus.

Hierauf baut das globale Kapitalsystem, das unsere Zivilisationen im 21. Jahrhundert, trotz sämtlicher Versuche zu Reformen, durch seine irreversible Energieumwandlung in den sicheren Ruin treibt.

Die Sache ist die: Die Mehrheit der menschlichen Individuen folgt der systematischen Illusion ihrer *existentiellen Wirksamkeit*, die menschliche Organisation und Zivilisation gebracht haben. Die menschliche Rebellion gegen die Natur, begonnen mit einem Selbstbewusstsein, das im Wissen strategischer Vorteile handelt, hat das menschliche Individuum im Laufe der Jahrtausende immer weiter bestärkt und gefördert. Bis hierher, zum Punkt seiner Selbstselektion.

Da diesem Individuum die unveränderlichen Gesetzmäßigkeiten seiner existentiellen Grundbedingungen nicht bewusst sind, besitzt es auch keine unveränderliche Überzeugung und Methode zur Bewahrung dieser existentiellen Grundlagen.

Das menschliche Individuum, das an der Illusion seiner existentiellen Wirksamkeit festhält und daher seine Bedeutung als Energieträger und -konsument ignoriert, wird von der menschlichen Organisation zwangsläufig kollektiviert. Dies geschieht sowohl durch individuelle Manipulation, wie mittels der Errichtung totalitärer Strukturen durch ein organisiertes Kollektiv.

▶ DAS PROGRAMM UMSCHREIBEN

Wie leicht ist das menschliche Individuum verführbar. Und wie arglos gibt es seinen Begierden nach. Und immer sucht es, was sein Interesse weckt oder ihm persönliche Vorteile verschafft. Vor allem sucht das Individuum das Angenehme, vermeidet folglich das Unangenehme. Die Illusion der existentiellen Wirksamkeit zu vergrößern, ist das Programm einer individuellen Identität, auf das Konzerne, Staaten, Zivilisationen bislang bauen. Daher begreift das Individuum seine temporären Existenz auch nicht als Grund für persönliche Beschränkung, sondern als Rechtfertigung seines Egoismus.

Hierauf baut das individuelle und folglich globale Verhalten von Produktion, Reproduktion und Konsum, dass unsere Zivilisationen im 21. Jahrhundert zu Maßnahmen zwingt, die eine individuelle Selbstgestaltung nach heutigen Maßstäben bereits schon morgen unmöglich macht.

An diesem Punkt endet die individuelle Identität, auf die unsere Zivilisationen selbst bauen.

Die Frage individueller Freiheit oder Würde, von einem kollektiven Zwang zur Selbsterhaltung eingeebnet, wird nun bedeutungslos.

Menschliche Selbstbestimmung, Freiheit und Würde hängen gleich an mehreren Faktoren. Ihre energetischen Kosten verlangen ebenso nach persönlicher Mäßigung, wie moderaten Umweltbedingungen.

Da das menschliche Individuum aber nie die Einsicht zu persönlicher Mäßigung, dem richtige Maß zwischen Notwendigkeit und Anspruch aufgebracht hat und sich daher seine Umweltbedingungen im 21. Jahrhundert dramatisch verschlechtert haben, und weiterhin verschlechtern, fallen menschliche Selbstbestimmung, Freiheit und Würde zwangsläufig einer pragmatischen Notwendigkeit zum Opfer.

Man ist bereits zu Gange, dem Individuum die *individuell vorteilhafte Ideologie* eines digitalen Kollektivismus verkaufen. Auf die gleiche Art, wie man diesem Individuum noch heute jedes x-beliebige Produkt verkauft: durch Manipulation.

Die stärkeren Argumente liegen immer auf Seiten rationaler Schlüsse, die emotionalen Befindlichkeiten zweckmäßig voraus greifen.

Dem Ego des Einzelnen künstliche Spielplätze zu erschaffen, auf denen es sein emotionales Unvermögen austoben darf, ohne dass hiermit ökologische Schäden entstehen *ist* die anstehende Hauptaufgabe unserer Zivilisationen.

Das menschliche Individuum der Gegenwart, überfordert mit Fragen seiner Identität und seinem emotionalem Unvermögen, braucht noch die Vormundschaft und ideologische Führung einer verantwortungsbewussten Gemeinschaft, die in seinem Interesse entscheidet.

Das menschliche Individualsystem, das das Individuum zum emotionalen oder materiellen Profiteur seines Verhaltens macht, ist für den menschlichen Organismus die Sackgasse einer absehbaren Selektion seiner individuellen Entscheidungsfreiheit.

In archaischen Zeiten noch von gruppendynamischem Vorteil und daher in ein unbewusstes Kollektiv gebunden, entpuppt sich dieses Individualsystem einer anarchistischen und exzessiven Selbsterhaltung im 21. Jahrhundert nurmehr als antiquierte, kontraproduktive und unglaubwürdige Farce.

Das öffentliche Bewusstsein kommt dieser Farce einer individuellen Selbstoptimierung immer mehr auf die Schliche.

Die gegenwärtige Größe der menschlichen Population, ihr Wachstum, ihre Mobilität, ihr Energie- und Konsumbedarf, allesamt Folge des gegenwärtigen Individualsystems, zwingen das Individuum endlich zur unerlässlichen Abkehr von den alten Gewohnheiten seiner selbstverfassten Identität und einer anarchistischen Selbsterhaltung auf *eigene Kosten*.

Ganz gleich, welchen Status ein menschliches Individuum begleitet oder über welche Art und Masse an persönlichen Ressourcen es verfügt, auch seine Lebensqualität hängt an einer organischen Welt, die nicht korrumpiert werden kann.

Das Individuum ist längst kein Profiteur mehr, der auf Kosten des Gesamten persönliche oder gruppenspezifische Profite erzielen kann. Er ist nur noch ein Profiteur, der seine Profite auf eigene Kosten macht. Es ist ein sterbender Dinosaurier, der seinen eigenen Kadaver frisst.

Unsere Zivilisationen haben die Pflicht das individuelle Fehlverhalten des menschlichen Individuum zu minimieren. Ihre Gemeinschaften haben nicht nur die Pflicht, sie haben auch zur Erhaltung ihrer Gemeinschaften jedes Recht, ein menschliches Individuum, das zum Schaden seiner Gemeinschaft agiert, in seine Schranken zu weisen.

Die Kosten menschlicher Selbstbestimmung, explodiert durch die Globalisierung, übersteigen die Zahlungsfähigkeit menschlicher Gemeinschaft um ein Vielfaches. Der menschliche Kredit vor der organischen Welt ist längst erschöpft. Seine Erschöpfung bedeutet nicht den Bankrott der menschlichen Zivilisation, aber der Bedeutung und Definition ihrer Werte.

Der Modus einer reversiblen Energieumwandlung ist erst der Anfang zur kollektiven Angleichung des menschlichen Organismus an die vernünftige Selbsterhaltung der organischen Welt. Ihm folgen die veränderten Modi von Produktion, Konsum und Reproduktion.

▶ EIN LETZTER RUF

Die Selbsterhaltung hat für den menschlichen Organismus eine Formel aufgestellt: Hoffnung durch Arbeit. Hoffnung in die Wirksamkeit von Arbeit durch eine menschliche Gemeinschaft, die dem Einzelnen ein *vernünftiges Maß* an Selbsterhaltung bringt.

Der Kampf um die Erziehung des menschlichen Individuums ist nichts Geringeres als der Kampf des Individuums um seine Selbsterhaltung. Wie das Individuums selbst, können wir diesen Kampf um ein vernünftiges Maß an individueller Selbsterhaltung nicht aufgeben. Weder aus Enttäuschung noch Gesinnungswandel, weder aus Gleichgültigkeit noch Zynismus.

Das Richtige tun, das heißt den gesellschaftlichen Ansatz der Selbstverantwortung und somit die kollektive Verantwortung fördern.

Wir, die wissen, gehen den Weg der menschlichen Angleichung an die ökologische Vernunft bis zum Ende. Wir stehen ein für das menschliche Individuum. Auch gegen die Unvernunft des menschlichen Individuums. Wir verändern seine Energiegewinnung, seine Produktion, seinen Konsum und seine Reproduktion.

Unsere Hoffnung ist die Überzeugung in eine notwenige Phase individueller Identität, die irgendwann zu kollektiver Selbstfindung führt. Unsere Arbeit ist die Einsicht in menschliche Motive und Verhaltensweisen, die ihr emotionales Unvermögen erkennen und ablegen.

Wir heben das menschliche Bewusstsein nur gemeinsam an, quer durch die vergangenen Zivilisationen und ihren Zeitgeist. Wir heben es langsam und in winzigen Schritten, aber stetig und sicher. Mit jedem Konflikt, jeder Krise, jeder Not zur Veränderung und Kooperation. Wir intensivieren das menschliche Bewusstsein durch eine ständige Intensivierung der Begegnung und Entdeckung des menschlichen Individuums mit seinem Kollektiv, dessen Bedingungen, Möglichkeiten und Grenzen, die sich in der *Anwesenheit des Anderen* wiederfinden.

Die frustrierenden Erfahrungen der Vergangenheit und Gegenwart, selbst die zukünftigen Rückschläge im Umgang mit dem menschlichen Organismus, die allgemeinen Zynismus und chronische Zweifel an dessen Mündigkeit hervorrufen, sollen der Hoffnung auf eine kollektive Bestimmung unserer Spezies nicht im Weg stehen. Wir können unser kollektives Fehlverhalten korrigieren und uns den Bedingungen der organischen Welt wieder annähern.

Das menschliche Individuum braucht ein emotionales Motiv, das es mit seinem persönlichen Egoismus aufnehmen kann. Es braucht die Gewissheit, dass es nur dann überleben kann, wenn es seinen Egoismus mäßigt und kultiviert.

Was wir unter Kultivierung des Egoismus verstehen, ist die Veränderung der Selbstwahrnehmung. Von abstrakten oder mittelbaren Ansprüchen zu organischen oder unmittelbaren Grundbedingungen.

Wir müssen lernen die Rückstände unserer Existenz zu beseitigen und so spurlos zu verschwinden, wie wir erschienen sind. Wir müssen verstehen, dass jedes menschliche Individuum nur eine energetische Schaltstelle in den Stoffkreisläufen des Planeten bildet. Es erscheint und verschwindet so spurlos wie jeder andere Organismus. Und vor allem müssen wir wissen, dass unsere Werke und Selbstbezüge nur das Produkt einer Einbildung sind, die unser emotionales Umvermögen manifestieren.

Die Illusion der existentiellen Wirksamkeit als menschlicher Organismus bleibt eine Illusion. Ob durch Wissenschaft oder Religion, durch Monumente oder schlichte Reproduktion.

Mag der persönliche Glaube das Motiv sein, das allgemeine Wissen muss praktizieren, was die existentiellen Grundbedingungen ihm diktieren.

Das Wissen einer menschlichen Bestimmung ist keine Phantasie, sie ist real. Aber sie kann nicht verkörpert werden durch Bestätigung einer individuellen Identität, wie Staaten, Konzerne und Organisationen sie gegenwärtig noch propagieren und somit separierende Eingriffe ins menschliche Kollektiv unternehmen. Ein Ausweg kann nur im Gleichgewicht bestehen, jenem Gleichgewicht zwischen individueller Freiheit und kollektiver Verantwortung.

Die Bewusstseinsform des menschlichen Individuums, die auf egoistischen Mustern beruht, benötigt das Gegengewicht der kollektiven Einsicht in die eigenen Grundbedingungen. Aber dies setzt eine verstärkte Öffentlichkeitsarbeit voraus - politisch, medial und ökonomisch. Eine Öffentlichkeitsarbeit, die sich aus Zwang zur menschlichen Selbsterhaltung an organischen Notwendigkeiten misst.

Unsere organisierten Gesellschaften müssen erst einheitliche Standards finden, die den Zusammenhang von Körper und organischer Welt öffentlich propagieren. Zur eigenen Sicherheit.

Die klare Direktive einer energetischen Effizienz durch den menschlichen Organismus, wird hier zum universellem Programm, in dem Freiheit und Wohlstand *aus Sicherheitsgründen* modifiziert werden müssen.

Das menschliche Individuum muss beginnen sich bewusst an seinen kollektiven Grundbedingungen, nicht länger an seinen individuellen Vorstellungen zu messen.

Es heißt, der Zweck heilige die Mittel.

Vielleicht trifft dies tatsächlich zu, falls dieses unlautere Mittel eine veränderte Manipulation des menschlichen Individuums zum Zweck einer energetischen Effizienz ausdrückt.

Das Ende einer manipulierten und falsch verstandenen Selbstbestimmung ist, in Folge zunehmender Digitalisierung, ohnehin absehbar.

Die Manipulation der Massen, die daraus resultiert, wird weiter zunehmen. Aber ihre Richtung wird den energetischen Freiraum des Individuums in einer Art einschränken, dass ihm diese neuen Einschränkungen, zur eigenen oder allgemeinen Sicherheit überhaupt nicht bewusst sind.

Die *Deklaration von Sicherheitsmaßnahmen* zum Zweck der menschlichen Selbsterhaltung wird die unanfechtbare Rechtfertigung einer Reihe von Maßnahmen bilden, die ihren Anfang in unseren Zivilisationen nehmen und sich von dort sehr bald auf sämtliche Gesellschaften erstrecken.

Das Ende individueller Freiheit verläuft in drei Schritten.

1. Beschränkung des Energiekonsums.
2. Beschränkung privater Mobilität.
3. Beschränkung der Reproduktion.

Das menschliche Individuum wird zuerst energetisch auf Linie gebracht, dann immobil. Schließlich wird seine globale Population reduziert.

Was heute noch undenkbar scheint, ist morgen bereits gängige Praxis. Womit oder wodurch auch immer beurteilt, wofür oder wodurch auch immer befunden.

Die menschliche Entwicklung der digitalen Ära hat eine Eigendynamik, die versuchen wird sich durch individuelle Separation und Mangel an kollektiver Übereinkunft jeder politischen oder ökonomischen Steuerung zu entziehen.

Da die zivilisierten Grundstrukturen organisierter Gesellschaften zur menschlichen Entwicklung und finalen Zivilisation aber unerlässlich bleiben, darf die menschliche Organisation vor keiner Konsequenz zurückschrecken, um ihre zivilisierten Grundstrukturen *um jeden Preis* zu verteidigen. *Denn es gibt keine gesellschaftliche Restauration antiquierter Geisteshaltungen bei fortschreitenden Strukturen.*

Die essentielle Rechtfertigung zum gemeinsamen Überleben in zivilisierten Grundstrukturen ist stärker als jedes individuelle Grundrecht.

Diese Formel ist bindend und kann nicht angefochten werden. Bis zu jenem Zeitpunkt, an dem das vereinzelte Individuum, das die Notwendigkeit zur erneuten Veränderung gemeinsamer Bedingungen erkennt, wiederum den Unterschied macht und seinem Kollektiv vorausgeht.

Es heißt *die Zukunft komme*. Wann? Wohin?

Die Gegenwart ist längt Zukunft, die Zukunft längst angekommen, und mit ihr ökologische Veränderungen, die zu fundamentalen Veränderungen menschlicher Geisteshaltung führen.

Die Notwenigkeit unserer existentiellen Grundbedingungen wird unsere ethischen Grundsätze drastisch verschieben. Die Realität bedrohter Lebensgrundlagen unsere emotionalen Befindlichkeiten einholen. Die Barriere der Unverletzlichkeit menschlicher Würde wird einmal mehr fallen. Zum Zweck der Selbsterhaltung.

Der menschliche Organismus muss sich vertraut machen mit dem Gedanken, dass der individuelle Wert seiner Existenz erheblich sinkt. Ganz gleich in welcher Gesellschaftsform er sich gegenwärtig bewegt.

▶ DAS RICHTIGE MASS

Mit Vernunft ist es wie mit allem. Es braucht *das richtige Maß*. Allein die korrekte Dosis sämtlicher Zutaten macht ein erfolgreiches Rezept.

Wir müssen zwar nach Notwendigkeit handeln, aber wir dürfen diese Notwendigkeiten in keine impraktikablen Extreme treiben. Impraktikabel im Sinne blinder Prinzipien, statt der Suche und dem Zugeständnis möglicher Alternativen. Wir dürfen nicht vergessen: nicht alles hängt am menschlichen Organismus. Es ist der menschliche Organismus, der an allem hängt.

Der Rahmen und Spielraum der Existenz, den uns die organische Welt gewährt, ist folglich der Rahmen und Spielraum, den wir uns gegenseitig gewähren sollten.

Der menschliche Organismus ist ein evolutionäres Experiment und nicht der Weisheit letzter Schluss. Wie jedes Experiment kann auch dieses Experiment misslingen, ohne dass die Autodynamik der Evolution hiervon Schaden nimmt.

Die Evolution findet immer neue, andere und effizientere Ausdrucksformen zur energetischen Verteilung ihrer Selbststeuerung, ganz gleich durch welche chemische Verbindungen oder Organismen.

Wir arbeiten an der kollektiven Vernunft, auch wenn diese Vernunft zunächst durch diverse Stufen der Manipulation muss, bevor der Blick auf menschliche Emotionen und die menschliche Existenzform in objektive Bahnen gelenkt werden kann.

Die organische Identität des menschlichen Organismus ist unvermeidlich, da überlebenswichtig. Seine Kollektivierung, vor Jahrtausenden im Stamm begonnen und seither unterbrochen durch die unvermeidlichen Zwischenschritte individueller Selbstfindung, strebt unaufhaltsam zum Weltkörper. Das Herdentier Mensch wird seine globale Herde und die Weide, auf der es grast, nicht länger zerstören. Wie lange und mühsam der Weg dorthin auch sein mag.

Wie das Kind sich der Gravitation anpasst, um selbstständig zu laufen, so wird der menschliche Organismus sich zwangsläufig wieder der energetischen Effizienz der Ökosysteme annähern oder verschwinden.

Anhang:

[1] Erfindung von Paul Crutzen, Meteorologe; gemeint ist das Zeitalter, in dem der menschliche Organismus erheblichen Einfluss auf ökologische und organische Prozesse ausübt; dieses Zeitalter ist nicht deutlich definiert. Vorschläge zur Festlegung von Eckdaten sind bislang das ‚Atomzeitalter' oder der ‚Beginn der Industrialisierung'.

[2] „L'homme n'est ni ange ni bête, et le malheur veut que qui veut faire l'ange fait la bête"; Blaise Pascal; Pensées; Faber & Faber; Auflage: veränd. (Oktober 2007)

[3] Stoffflüsse sind Teil der Stoffkreisläufe und bestehen aus chemischen Verbindungen, die im System Erde einen ständigen Austausch zwischen den einzelnen Stoffspeichern beschreiben. Diese 5 Speicher sind Atmosphäre, Hydrosphäre, Biosphäre, Lithosphäre und Pedosphäre. Sie besitzen spezifische Speicherkapazitäten, Zufluss- und Abflussraten für chemische Verbindungen. Siehe dazu ‚Umweltgeologie: Eine Einführung in Grundlagen und Praxis', Sylke Hilberg, Springer Spektrum; Auflage: 2015

[4] Der globale Kohlenstoffkreislauf als System; E. R. Lucius; Praxis der Naturwissenschaften – Biologie in der Schule. 53. Jahrgang, April 2004,

[5] Biophysik des Fließgleichgewichts; Ludwig von Bertalanffy, Vieweg+Teubner Verlag, Auflage: 2. Aufl. 1977

[6] Siehe Gaia-Hypothese; James Lovelock, Lynn Sagan: Atmospheric homeostasis by and for the biosphere: the Gaia hypothesis In: Tellus. Series A. Stockholm: International Meteorological Institute. Band 26 (1–2), 1974.

[7] Organismen sind die Teilmenge (A) des planetarischen Organismus (B), der aus Sonnenlicht und anorganischem Material organische Einheit bewirkt.

[8] Die wechselseitige oder gegenseitige Kooperation zwischen Organismen ist angelegt in ihrem biologischen Programm.

[9] The evolution of maladaptation; Bernard J Crespi; Heredity (2000)

[10] Der nackte Affe; Desmond Morris; Droemer Knaur Verlag, München, Zürich 1968. – 26. Auflage, 1995

[11] Die Neolithische Revolution, die etwa 10000 v. Chr. datiert wird, ist der Beginn menschlicher Wirtschaftsproduktion durch Anbau und Bewirtschaftung von Feldern.

[12] Das Tier Mensch; Desmond Morris; Egmont Vgs; Auflage: 1 (1994)

[13] Kritik der reinen Vernunft; Immanuel Kant; Vollständige Ausgabe, Anaconda 2009;

[14] Theodizee in den Weltreligionen: Ein Studienbuch; Alexander Loichinger, Armin Kreiner; UTB GmbH; Auflage: 1 (15. September 2010)

[15] Design und Mimesis, Nachahmung in Natur und Kultur, Friedrich Weltzien und Antonia Ulrich; Reimer, Dietrich 2019

[16] Descartes im Rückspiegel: Der Leib-Seele-Dualismus und das naturwissenschaftliche Weltbild; Bernhard Lauth; mentis, 2006

[17] The Clash of Civilizations and the Remaking of World Order, Samuel P. Huntington; Simon & Schuster 1996

[18] Wallensteins Tod, Friedrich Schiller; Philipp Reclam Jun Verlag GmbH (1987)

[19] Das ‚Ding an sich‘ ist ein Zankapfel der Philosophie und wird in der Erkenntnistheorie daher unterschiedlich definiert. Es tritt erstmals konkret hervor im Leib-Seele-Dualismus von Rene Descartes, wird durch Immanuel Kant und Arthur Schopenhauer neu und uneinheitlich interpretiert.
Das ‚Ding an sich‘ ist allgemein eine Wirklichkeit, die durch den menschlichen Verstand nicht bestimmt werden kann, da es zu dessen möglicher Bestimmung erst durch den Verstand erfasst werden muss, hiermit aber nur als Erscheinung einer Wirklichkeit vorliegt, die menschlicher Erkenntnis unzugänglich ist.

[20] Emergenz bezeichnet die Entstehung neuer Eigenschaften oder Strukturen eines Systems, die sich durch das Zusammenwirken einzelner Komponenten ergeben und nicht aus den Eigenschaften oder Strukturen dieser einzelnen Komponenten absehbar sind. Siehe auch Emergenz: Zur Analyse und Erklärung komplexer Strukturen, Jens Greve (Hg.), Annette Schnabel (Hg.); Suhrkamp Verlag 2011

Zeitfracht Medien GmbH
Ferdinand-Jühlke-Straße 7
99095 Erfurt, Deutschland
produktsicherheit@kolibri360.de